Vivre et travailler dans nos campagnes, c'est parfois un cauchemar, souvent un grand rêve et toujours le quotidien d'un Français sur 3.

LE PLAN SECRET DE NOS ÉLITES CONTRE LE MONDE RURAL

Thierry Coste

LE PLAN SECRET DE NOS ÉLITES CONTRE LE MONDE RURAL

PLON
www.plon.fr

92, avenue de France
75013 Paris
www.plon.fr et www.lisez.com

Mise en pages : PCA
Dépôt légal : octobre 2023
ISBN : 978-2-259-31437-4

Défendre la ruralité

Sous nos yeux, un monde menace de disparaître. Un monde négligé, souvent méprisé par les responsables nationaux, sans cesse critiqué. Frappé par les préjugés les plus grossiers alors que vingt-deux millions de femmes et d'hommes y vivent et y travaillent.

Ce monde, nos campagnes, semble ne compter pour rien depuis trente ans. Ce sont les habitants de cette France des bourgs de moins de deux mille habitants, des villages, des hameaux et des campagnes profondes. Ces communes de faible densité représentent aujourd'hui les trois quarts du territoire et un Français sur trois, et pourtant tout se passe comme si elles n'existaient pas.

Pour les élites, il faudrait briser la campagne telle que nous la connaissons : rayonnante et indépendante. Les technocrates rêvent de grands travaux d'extension urbaine au détriment des surfaces cultivables. Le Conseil d'État sanctionne les décisions gouvernementales prises trop proches du terrain et la Cour des comptes multiplie les rapports médiatisés pour critiquer les choix politiques. Mais ceux qui jugent comme ceux qui rédigent sont déconnectés de la vie quotidienne et des rapports humains. Au ministère de l'Économie, ils seraient bien contents s'il n'y avait plus d'administration dans les petites localités. Pourquoi ? Trop coûteuse. Les bobos venus des villes souhaiteraient pouvoir faire taire les coqs trop bruyants le matin et éliminer les élevages qui sentent trop forts, comme les cloches au cou des vaches, vulgaires. Quant aux écologistes radicaux, leur idéal est d'évincer partout la présence humaine pour tout asservir à la « nature ». Toutes ces élites ont leur plan secret pour édifier une campagne sans ruraux. Des villages sans services publics. Des forêts sans chasseurs ni gibier. Des champs sans cultivateurs. Des élevages sans éleveurs et sans animaux. Des paysages sans routes, sans voitures, sans tracteurs. Des campagnes sans hommes, bref, un monde sans nous !

Ce monde, j'en suis issu, et je crois nécessaire de prendre aujourd'hui la parole pour exposer la détresse mais aussi l'espoir qui l'habitent et proposer des moyens pour le défendre et en faire un atout essentiel pour demain.

28 août 2018, à 8 h 20, à l'heure des croissants et du grand entretien France Inter. En direct, Nicolas Hulot, le ministre de la Transition écologique, numéro trois du gouvernement, est interviewé par Léa Salamé et Nicolas Demorand. Dans tous les sondages d'opinion, il est l'homme politique préféré des Français. Pourtant, ce matin-là, la discussion prend une allure dramatique. Au détour d'une question, brusquement, il annonce son départ immédiat du gouvernement, sans en avoir informé le président ni le Premier ministre. Son coup de tête aurait eu une raison cachée. La veille, j'étais présent à l'Élysée lors d'une réunion d'arbitrage sur la chasse,

la biodiversité et la police de l'environnement. Nicolas Hulot aurait été piqué au vif par ma participation. Il fait de moi le responsable de son départ.

Cette réunion s'est effectivement tenue en présence du président de la République, Emmanuel Macron, de deux ministres, dont Nicolas Hulot, et d'une délégation de la Fédération nationale des chasseurs, dont je faisais partie. En quelques secondes, je devins la bête noire des écologistes. Hulot venait de m'offrir une promotion incroyable auprès du grand public et des journalistes, non seulement en France, mais aussi à l'étranger.

Le « bon » Nicolas dénonçait la présence du « méchant » lobbyiste que je suis, en faisant croire qu'il n'avait pas été prévenu de ma présence lors de cette réunion. Il voulait que l'on pense naïvement que j'étais la goutte d'eau qui avait fait déborder le vase de sa bonne foi de militant écolo devenu ministre. Par ce geste, il comptait dénoncer la prétendue omniprésence des lobbies au cœur du pouvoir politique. J'eus surtout l'impression qu'il cherchait depuis plusieurs mois un prétexte pour claquer la porte, car il avait conscience de ne pas être à la hauteur d'une fonction qu'il occupait si mal.

Lobbyiste depuis plusieurs décennies, j'assume ce métier qui a encore un parfum sulfureux, dérangeant, voire antidémocratique. Pourtant, la pratique du lobbying a beaucoup évolué ces vingt dernières années. Dès lors que l'on respecte des règles de transparence, le lobbying est nécessaire à la démocratie. Accessible à tous, il permet aux politiques d'instruire des décisions en parfaite connaissance de cause sans être seulement sous la tutelle de l'administration, qui veille trop souvent à ce que rien ne change. Mon rôle varie en fonction des clients et des missions : je me retrouve tantôt négociateur, tantôt professionnel du renseignement, spécialiste de la gestion de crise ou stratège de la vie publique. Un seul point reste constant : connaître au millimètre près les rapports de forces. Et savoir en jouer.

Si Nicolas Hulot annonce sa démission, ce 28 août 2018, c'est sa faiblesse qui en est la cause. Le présentateur vedette entré en politique était convaincu qu'il pèserait au sein du gouvernement. Il voulait y imposer son point de vue écologiste. Mais faute d'avoir trouvé des soutiens, il a fini par lâcher ses objectifs un par un, au point de finir par se sentir trahi, marginalisé, voire mal-aimé par le président de la République.

Comme j'ai fait très jeune le choix d'être craint plutôt qu'aimé, j'ai adopté la stratégie opposée. Je n'ai jamais cessé de chercher des alliés pour soutenir la cause de ma vie : défendre les campagnes. Le président de la République m'a reçu et entendu. Il a fallu du temps pour y parvenir.

Avec lui, tout a commencé en 2016. Une première discussion au début de sa candidature. Nous étions dans son bureau. Une pointe de retenue était perceptible de son côté. Sans doute ses collaborateurs m'avaient-ils décrit comme un mercenaire ou autre personnage peu recommandable. Puis la conversation a glissé sur sa région, la Picardie, puis sur sa famille. Les Pyrénées, sa grand-mère, son enfance. Paris était loin de nous, nous étions redevenus deux gosses du monde rural montés à la capitale par obligation plus que par passion. La chasse nous a rapprochés. Pas n'importe laquelle. Celle des heures de promenade dans les champs, passées à examiner les traces, à lire le sol, à humer l'air… À chercher, deviner, observer plutôt qu'à tirer. La chasse des sous-bois humides où chaque pas est compté, maîtrisé, pour ne pas faire fuir le gibier. Il était randonneur-pêcheur et moi chasseur, mais nous évoquions avec complicité ce mode de vie simple et riche d'émotions qui m'a valu l'écoute du candidat puis du président. Une oreille précieuse à l'heure où le monde rural traverse une crise sans précédent.

1.
La beauté de la nature

Nous sommes tous les deux blottis derrière des fourrés, au milieu de la forêt. Je sens son bras frôler le mien quand elle change de position pour mieux voir. Dans mes mains, je tiens serrées de mauvaises jumelles ; elle pointe une longue-vue très rustique, achetée par correspondance. Depuis que nous nous sommes rencontrés, Nathalie et moi avons observé des centaines d'espèces sauvages en migration. Dix mille, parfois cinquante mille oiseaux viennent obscurcir le ciel. Leur ballet de spirales et de formes géométriques est fascinant. Corbeaux freux, passereaux, étourneaux ou vanneaux, sans oublier les gros-becs et les pinsons du Nord, chaque semaine de septembre à février nous révèle la magie de la nature.

Que dire aussi de tous les rapaces originaires d'Allemagne du Nord et de Russie qui séjournent une dizaine de jours ici avant de poursuivre leur migration dans un sens ou dans l'autre ? Impossible de ne pas être charmé par leur spectacle au-dessus des étangs. Soudain, voici le balbuzard pêcheur, un oiseau très rare. Il s'éloigne majestueusement. Plus tard, redescendus dans la vallée, nous découvrons des myriades de pigeons ramiers et un groupe de rapaces en migration. Très vite, nous invitons des amis à nous accompagner lors de nos sorties nature pour leur faire découvrir, aimer et défendre ces trésors accessibles à tous.

La tête dans le ciel

Je suis un enfant de Franche-Comté, né à Poligny, dans le Jura, la capitale du fromage de comté. Mais la ville de mon enfance est Sochaux, dans le Doubs. Mon père, ancien militaire, est adjoint au maire. À 15 ans, je me rends au collège à pied, traversant la ville. Mais ce que je préfère, ce sont les balades dans la campagne environnante, loisir qui n'est plus vraiment à la mode. Sur les conseils d'un ami, je fais passer une petite annonce dans la presse locale pour lancer la création d'un club nature. À cette époque, pour quitter la cité industrielle de Sochaux, berceau des usines Peugeot, et me rendre en forêt, je prends le bus tous les mercredis et les dimanches, avec pour seul accessoire une carte d'état-major en poche. Ce sont les cartes, que mon père m'avait appris à analyser pendant de longues heures, qui me permettront de découvrir la nature sans guide. Ces trésors de précision m'ont souvent évité de me retrouver face à une falaise infranchissable ou d'avoir les pieds trempés par une source inattendue. Les cartes sont des sésames qui permettent de tout savoir ou presque d'un endroit sans jamais l'avoir fréquenté, simplement en lisant les courbes de niveau et le tracé des chemins, des routes et des layons forestiers.

Surprise ! Une jeune femme répond à mon annonce. Elle s'appelle Nathalie. Bras dessus, bras dessous, nous parcourons les forêts et les champs qui s'étendent entre Sochaux et Belfort. Devenus complices et amoureux, jeunes militants alors que nous ne sommes encore que collégiens, nous partageons la même passion pour la nature dans une région d'une richesse ornithologique incroyable. Notre club est créé. Les ramassages des déchets dans les bois deviennent l'une de nos signatures. Je me souviens que nous étions sans cesse partagés entre le désir de lever la tête pour repérer un oiseau dont on avait entendu le chant et celui de la baisser pour traquer les bouteilles abandonnées par les promeneurs.

La « trouée de Belfort » : le nom de cet espace, une vaste zone faite de collines, de vallées et d'étangs, laisse rêveur. Ses paysages s'étendent sur une largeur d'une trentaine de kilomètres. Elle est bordée d'un côté par le ballon d'Alsace, qui débute la ligne bleue des Vosges, et de l'autre par la fin du massif du Jura, qui vient terminer sa course le long du Sundgau, la porte de l'Alsace. Cette trouée entre deux secteurs montagneux devient à l'automne et à la fin de l'hiver le lieu de migration de volatiles d'une richesse et d'une diversité incroyables. Tous les oiseaux, petits ou grands, qui migrent d'est en ouest la traversent. Ils n'ont pas le choix. Sinon, il leur faut passer deux cent cinquante kilomètres plus haut, par les Ardennes, ou aussi loin plus bas, par le couloir rhodanien.

Après plus d'un an de militantisme, vient le moment, à la fin de la classe de troisième, de l'orientation professionnelle. De nouveau, ma passion pour la nature prend le pas sur le reste. Je me mets à rêver de deux professions en lien avec cet intérêt naissant, mais déjà ô combien dévorant. Je me vois garde-chasse ou paysan. En parcourant le célèbre catalogue « Manufrance armes et cycles » de Saint-Étienne, je découvre d'abord le métier de garde-chasse. Je m'imagine vivre en forêt, loin de l'espèce humaine, au cœur de la nature la plus sauvage possible. À cette époque-là déjà, le Canada me fait rêver. Ma mère m'apprend même que je pourrais y être bûcheron.

Toutefois, mon tempérament indépendant me fait vite comprendre que ce travail ne me donnera pas la liberté que je souhaite plus que tout. Je devrai obéir à un propriétaire et exécuter ses ordres sans discuter. Au contraire, le métier d'agriculteur me semble garantir à la fois mon indépendance et l'assurance d'être toujours dans la nature. Mes parents repèrent donc un lycée agricole à quatre-vingts kilomètres de là, près de Besançon. Je pars en internat pour trois années d'études qui déboucheront sur le bac agricole, « D' » (prononcer « dé-prime »…). Cet intitulé, qui prêtait à sourire, fut vite rebaptisé « bac sciences agronomiques ».

Un trotskiste dans une grotte

À peine installé au lycée agricole de Dannemarie-sur-Crête, je crée un nouveau club nature (encore !) et deviens l'un des leaders lycéens de la mouvance trotskiste. Il faut se souvenir que nous sommes à Besançon, un haut lieu de l'activisme syndical et politique qui accueillera tous les dirigeants communistes des républiques d'Amérique centrale et du Sud. Dans cette région marquée à gauche, on assiste alors aux manifestations des ouvriers de l'industrie horlogère, comme Lip. La convergence des luttes entre les ouvriers francs-comtois et les paysans du Larzac qui refusent l'agrandissement d'un camp militaire constitue le fil conducteur de mes premières années d'engagement. C'est l'époque où le slogan « Lip-Larzac, même combat » était brandi partout en France.

J'ai eu cette chance incroyable que mes principaux professeurs étaient eux-mêmes des militants politiques très engagés, en même temps que d'excellents enseignants. Ils transmettaient leur savoir, que ce soit en français, en économie, ou en sciences avec une passion communicative. Ils nous faisaient aimer leurs matières.

Grâce à ma passion, je devins immédiatement l'animateur du club nature du lycée et organisai de nombreuses expos et sorties, qui me donnaient une responsabilité dans l'établissement – ainsi que quelques bons prétextes pour bénéficier d'autorisations de sortie d'un genre assez unique. Ainsi, le directeur ne voyait aucun inconvénient à me laisser quartier libre les week-ends et quelques soirées en semaine. Ce qui est impossible aujourd'hui était la norme hier, dès lors que l'on inspirait confiance. Encore lycéen, j'allais selon les saisons dormir dans une grotte, à huit kilomètres du lycée, plutôt qu'à l'internat. Ma seule contrainte était d'être à l'heure aux cours du matin. Aujourd'hui, tout le monde se cache derrière la peur du risque et de la responsabilité pour interdire ce genre de libertés.

Ma grotte était composée de trois étages : le premier était encore traversé par la rivière, les deux autres, au-dessus, étaient constitués de cavités sèches. Je fis le choix de dormir dans la plus élevée, à quarante mètres de l'entrée, sur un vaste rocher plat qui faisait parfaitement office de lit. À cette profondeur, la température était toujours la même, huit degrés, y compris en hiver lorsqu'il faisait moins vingt à l'extérieur ! La Franche-Comté, dont le climat est continental, connaît des hivers particulièrement rudes. J'y allais souvent seul, car les copines et les copains du lycée que j'y ai emmenés n'ont jamais voulu revenir… Chacun me donnait une excuse différente : la dureté du lit en pierre, la température assez fraîche, l'humidité … Mais ils craignaient surtout de dormir la nuit en pleine nature, avec tous les bruits de la vie sauvage. Parfois, je ne passais pas la nuit dans la grotte, mais dans une cabane de chasseurs faite de planches de récupération, de palettes et de tôles, au cœur de la forêt de Chaux, la plus grande de Franche-Comté, à vingt kilomètres du lycée. L'endroit était incroyable au moment du brame du cerf.

Là-bas, mes amis étaient tout aussi effrayés. Nous prévoyions souvent un week-end complet entre septembre et octobre, pendant trois nuits, afin d'être complètement intégrés à la forêt, d'écouter les cerfs bramer et de tenter de les approcher. À presque tous les coups, je finissais les deux autres nuits tout seul. Une nuit dans la nature en automne ou en hiver engendre souvent une peur panique qui transforme de charmants compagnons de jour en odieux insomniaques. Je pouvais compter sur eux pour me faire partager la moindre de leurs angoisses quand je n'avais qu'une seule envie : dormir du sommeil du juste.

En quarante ans, j'ai passé des centaines de nuits dans la nature, à la belle étoile, dans des grottes, des cabanes ou sous un tronc d'arbre, en plaine, au bord d'étangs ou en montagne. Néanmoins, il m'a fallu attendre plusieurs années pour vivre ces moments d'exception avec des êtres qui ressentaient la même chose que moi. Quel bonheur d'être au cœur de la nature, les cinq sens en éveil ! Pour moi, la nature est progressivement devenue un milieu bienveillant où je me sentais bien, de jour comme de nuit. Mais plus je l'aimais, plus ma colère montait contre ceux qui se comportaient comme des goujats à son égard, détruisant à tour de bras haies et mares ou taillant d'immenses coupes à blanc dans les forêts. Progressivement, je commençais à détester tous ceux qui bétonnaient et goudronnaient la nature à tout-va. Comment défendre ce monde que j'aimais tant ?

2.
Mes haies d'honneur

En 1973, le Muséum d'histoire naturelle n'avait pas encore été rénové. La grande galerie avait des allures de musée tout droit sorti du XIXe siècle. Quelques classes d'élèves y venaient avec leur professeur.

Ce jour-là, je suis attendu par un grand chercheur, François Terrasson. J'ai profité de cette occasion pour découvrir ce temple de la nature. Après plusieurs heures de visite, me voici assis devant cet éminent savant qui a accepté de recevoir un gamin. Je dois cette chance à ma récente nomination au sein de la direction de Jeunes et Nature, le mouvement des jeunes de la Fédération française des sociétés de protection de la nature (FFSPN). L'homme est grand et solide, porte les cheveux un peu longs et la barbe. Derrière ses lunettes, il a un regard bienveillant et me sourit gentiment. La conversation s'engage, comme si j'étais un ami de la famille.

Dans un coin de la pièce, une besace est posée sur une chaise. Terrasson me dit qu'il ne la quitte jamais, au cas où un échantillon intéressant se présenterait. Je remarque sur son bureau une pile de rapports ; je suis impressionné, moi qui peine souvent à rendre mes dissertations. Soudain, il s'enflamme. Il se met à parler avec une véhémence qui contraste avec son allure hippie. La cause de son émotion ? La destruction des haies. Un rapport lui est parvenu de Bourgogne : les paysans cherchent à étendre la surface de leurs champs et arrachent les plantations qui séparent les parcelles. Un vrai massacre en matière de biodiversité.

Depuis les années 1960, au nom de la réorganisation du foncier agricole, une politique de remembrement a été décidée. Son but ? Moderniser les exploitations et les rationaliser en accroissant leur surface moyenne. Pour cela, il a fallu abattre les haies et combler les mares. Or, peu d'exploitants s'en rendaient compte, mais ces espaces étaient précieux. D'une part, ils maintenaient une humidité ambiante qui permettait d'éviter les sécheresses ; d'autre part, ils servaient d'abri aux oiseaux et à toutes sortes d'insectes très importants dans la chaîne alimentaire.

Terrasson m'encourage à prendre en main ce sujet avec l'association. Il plante dans mon esprit une graine qui va longtemps guider mon action. Devenu syndicaliste agricole, je ne l'ai pas oubliée. J'ai dénoncé avec énergie les destructions de haies qui allaient bien au-delà du regroupement utile de parcelles agricoles. Mais je me suis toujours retrouvé minoritaire, si ce n'est marginal. Il faut dire que la question est passionnelle dans le milieu rural.

Tout couper sans rien comprendre

Je me souviens d'un soir de novembre 1982, en Haute-Saône. Par un froid de gueux, je me rends à une réunion de concertation organisée par un bureau d'études avec des paysans que je croyais bien connaître. La salle de la mairie est bien chauffée, l'ambiance plutôt courtoise ; à part les responsables du bureau d'études, nous nous sommes déjà tous rencontrés. Mais, au fur et à mesure de la présentation des écologues, qui argumentent sur l'urgence de conserver un parcellaire avec des haies, quitte à les recalibrer, la tension monte. La dizaine d'éleveurs et de céréaliers présents commence à débattre entre eux et à ne plus écouter les propositions du bureau.

Soudain, un des paysans, la cinquantaine, se lève brutalement. Sa chaise tombe sur le sol. Il regarde l'animatrice du bureau droit dans les yeux. La voix tremblante, blanche d'un mélange de colère et de désespoir, il lui lance : « Je veux abattre la haie d'un kilomètre dont vous parlez, car elle sépare mes champs depuis vingt ans. Et elle m'emmerde. J'y tiens et si vous m'empêchez de la détruire, vous aurez ma mort sur la conscience car je me tuerai. »

Un silence lourd tombe sur la salle. Nous nous regardons tous, gênés. Les experts, bouche bée, se tortillent sur leur chaise. Ce jour-là, personne n'osa faire remarquer qu'un tel propos était excessif et déplacé. Aussi, avant la fin de la réunion, le sort de cette haie magnifique et structurante était-il déjà scellé. Puis la discussion a repris, plus calmement. Un éleveur a demandé à combler une mare qui débordait sur le chemin vicinal et qui gênait ses animaux allant au pré. Un agriculteur ronchon s'est mis à expliquer que les arbres d'une haie avaient endommagé la cabine de son tracteur. La haie était donc dangereuse et coûteuse, car les machines sont de plus en plus hautes. Et sans tracteur, impossible pour lui de travailler.

Finalement, tous les syndicalistes paysans se sont alignés sur ces positions. Les technocrates du ministère de l'Agriculture en ont fait leurs meilleurs alliés pour supprimer les haies, sans raisonner un instant sur l'utilité agronomique et climatique manifeste de ces barrières végétales. Plutôt que de les rendre compatibles avec la mécanisation en les adaptant aux parcellaires, nos spécialistes du productivisme outrancier ont pensé qu'une bonne haie était une haie arrachée. En quittant la réunion, ce soir-là, je l'avais mauvaise.

La peur de la nature

J'ai revu François Terrasson quelques années plus tard. Il travaillait sur la peur de la nature. À ses yeux, une grande partie des comportements destructeurs s'ancraient dans un mélange d'inquiétude et d'avidité. Si bien que, dans les années 1980, la protection de la nature n'était jamais prioritaire.

Bien sûr, la beauté exceptionnelle de nos montagnes, de nos rivages, de nos vallées, et les zones humides de notre pays faisaient déjà, à cette époque, l'objet d'une prise de conscience et d'une protection. Les parcs nationaux et régionaux commençaient à répondre à l'objectif de préservation des espèces et des espaces en proposant un encadrement législatif et réglementaire. Mais ces espaces, qui étaient des laboratoires de la vie sauvage, étaient restreints. Au quotidien, dans la nature ordinaire, qui représente 90 % des espaces naturels, agricoles et forestiers, tout était différent. Là, personne ne s'occupait d'améliorer la situation courante et de veiller à la préservation des espèces animales ou végétales jugées vulgaires.

Très vite, j'ai compris que l'association que je dirigeais ne trouverait pas de forces vives au sein de la FFSPN pour défendre les haies et ce qu'elles représentent. Notre tentative de lancer une grande campagne d'alerte a échoué. Adieu haies, bosquets, petites mares et chemins creux, victimes précoces de l'agrochimie et de l'agriculture productiviste.

Seuls certains responsables associatifs ont entendu notre cri d'alarme et commencé à dénoncer avec nous cette gigantesque gabegie environnementale en soutenant la création de bureaux spécialisés dans les études d'impact pour les remembrements.

À défaut de livrer la bataille de l'opinion et d'empêcher l'arasement de quarante à cinquante mille kilomètres de haies par an, nous avons donc décidé d'agir dans le cadre des procédures existantes. La loi imposait en effet des études préalables. L'objectif était de permettre le regroupement légitime des parcelles pour faciliter le travail des agriculteurs, mais aussi de prendre en compte les haies et les mares pour garantir la biodiversité sur l'ensemble du territoire communal.

Le résultat fut décevant. Après deux ans de mobilisation, moins de 5 % des remembrements prenaient en compte notre approche. Dans les autres cas, les études d'impact étaient sommaires et les destructions se poursuivaient à la demande des agriculteurs et avec le soutien total de l'administration. Malgré un savoir écologique croissant, les années 1970-1980 ont vu les pires absurdités être commises.

Aujourd'hui encore, le massacre se poursuit. Il a seulement ralenti. Chaque année, vingt-trois mille kilomètres de haies sont encore arrachés. Ces formidables zones de préservation de la biodiversité semblent vouées à disparaître, à rebours de toute logique. Ni le jeune militant que j'étais ni le chercheur chevronné qu'était François Terrasson n'auraient pu imaginer qu'une telle bêtise se perpétuerait si longtemps.

3.

Des paysans, une passion

Lorsque j'étais au lycée agricole, à chaque fin d'année scolaire, nous devions effectuer un stage de quatre semaines. Sans relations, je ne savais pas à qui m'adresser. C'est donc le lycée qui me proposa mon premier maître de stage : André. Comme beaucoup d'éleveurs, il savait tout faire mais était débordé. Il élevait, dans le nord de la Haute-Saône, des vaches laitières de race montbéliarde et était connu pour son sens de la pédagogie et sa gentillesse. Comme je venais de la ville, on m'avait assuré que là, je découvrirais le mieux le métier. Au pire, si ça ne me plaisait pas, ce ne serait pas trop dur, car André et Annie étaient bienveillants avec leurs stagiaires et leurs apprentis.

À la découverte de l'accent franc-comtois

Je me rappelle le moment où mes parents, qui habitaient à cent kilomètres, m'ont déposé, comme si c'était hier. La ferme était grande, les murs en pierres apparentes, de grandes piles de bois posées le long de la grange et une vaste étable attenante avec un tas de fumier devant. Dans la cuisine, mon père et ma mère discutaient avec le couple d'agriculteurs en buvant un café crème. Moi je ne comprenais rien à ce qu'ils disaient, je crus même un instant qu'André et Annie étaient étrangers. Ils parlaient avec un incroyable accent haut-saônois que je mis des semaines à apprivoiser. Heureusement, ils avaient toujours le sourire et ont tout fait pour faciliter mon acclimatation.

Nous étions au début de l'été. Dès le lendemain, je fus plongé dans les travaux, les foins et surtout la traite des vaches deux fois par jour : à six heures du matin et à dix-huit heures. Je découvris un nouveau monde sensoriel fait de deux odeurs que j'ai adorées et que je garde gravées dans mon inconscient : celles du fumier et du foin, les marqueurs olfactifs de l'élevage.

En moins d'une semaine, j'étais sous le charme de ce métier dont j'ignorais tout, mais qui me semblait si complet et si proche de la nature. Coucher tard, lever tôt, c'était le rythme de la période estivale pendant laquelle nous devions faire les foins et constituer les stocks de nourriture des trente vaches et des jeunes bovins qui passeraient les cinq mois de l'hiver enfermés dans l'étable.

À cette période, l'hiver était rude dans cette microrégion proche des Vosges saônoises. Avec les vaches, les moutons, les chevaux, les cochons et les poules, je me devais de tout apprendre comme si j'allais m'installer ici.

Bien sûr, je découvris aussi le jardinage, et même à grande échelle, car les paysans ont toujours deux jardins. Un petit, à côté de la ferme, pour avoir tous les légumes à disposition au quotidien, les plantes aromatiques et certains fruits comme les framboises et les cassis. L'autre, que l'on déplace tous les ans et qui est en bordure d'un champ cultivé, préparé au tracteur en même temps que les champs. Ce jardin était parfois à l'autre bout de la commune, car on ne volait pas dans les potagers des champs. Il produisait les légumes que l'on conservait l'hiver, ou que l'on cueillait seulement une fois par semaine.

Je demandais souvent à pouvoir aller dans le champ pour biner les mauvaises herbes entre les carottes ou les choux, ou butter les pommes de terre, les haricots et autres légumineuses. J'étais seul, en pleine nature, non loin de la forêt et j'observais les animaux sauvages sortir des bois pour se nourrir. Je faisais en sorte d'aller au jardin-champ après la traite du soir, pour arriver pile à la bonne heure, juste avant la nuit. C'était le meilleur moment pour voir les chevreuils, les renards, les blaireaux, les cerfs et les sangliers faire bombance dans des prairies naturelles riches en bonne herbe, en mulots et en campagnols, vers de terre, larves et autres.

Tout me passionnait dans cette ferme, où André et Annie m'accordaient leur confiance. La valeur travail est un critère apprécié des paysans et, quant à moi, je voulais tout savoir et tout faire par moi-même, quitte à œuvrer quinze heures par jour et sept jours par semaine. Mais quelle ne fut pas ma surprise lorsque je vis arriver un jour les deux filles des propriétaires, qui venaient passer leurs week-ends ici ! Je tombai aussitôt amoureux de l'aînée, Agnès.

J'avais une raison supplémentaire de revenir les week-ends, car mon stage se terminait. Ma famille d'accueil devint en quelques mois ma famille d'adoption. Tous les vendredis, après mes cinq jours de cours au lycée, je rentrais en stop à Senoncourt, à la ferme. On apprend mieux quand on est amoureux ! Je conjuguais ma passion pour Agnès avec celle pour les métiers de la terre.

Mes parents l'ont compris et m'ont fait confiance. Le téléphone était rare à cette époque, alors je leur écrivais. Tout cela paraît étrange de nos jours. Comme nous étions à moins de cent kilomètres, y compris lorsque je me suis installé comme paysan, mes parents venaient chaque année passer quelques jours avec moi. Ensuite, nous reprenions notre correspondance. Je leur écrivais le soir après avoir soigné les animaux. Cela m'a permis de prendre de la hauteur sur mon travail.

Aider les paysans en détresse

Le tapis de bitume se déroule entre les forêts de chênes et les champs encore verts alors que pointe l'automne. Sur ma petite mobylette bleue, je me rends dans le canton de Rioz, en Haute-Saône, non loin de Besançon. Deux agriculteurs m'attendent. Ils ont créé le premier service de remplacement de la région et cherchent un salarié. Ce travail d'ouvrier agricole, avec un salaire de misère, présente des conditions de travail assez similaires à celles des commis agricoles du début du XXe siècle. Mais il me permet de découvrir toutes les facettes du métier.

Pendant plus de deux ans, j'ai remplacé au pied levé des exploitants victimes d'accident. Je passais d'une ferme de trente vaches laitières à une autre en comptant plus de cent, j'allais faire tous les travaux dans les champs, assis dans des tracteurs de toutes tailles. Je me transformais en bûcheron pour abattre le bois de l'hiver ou en apprenti vétérinaire, puis en tondeur de centaines de moutons ou nourrisseur d'agneaux ou de veaux avec des biberons. Je suis devenu expert en gestion de crise fermière ! J'ai tout appris sur le tas, non sans commettre quelques erreurs.

Et au cœur de cette activité, je découvrais des relations humaines très fortes, liées à un accident ou à une maladie. J'avais le sentiment profond de rendre service et d'aider mon prochain, dans une période critique pour lui, voire dramatique. Car beaucoup d'exploitations reposaient sur le travail d'une personne. Souvent, les femmes et les enfants ne savaient pas gérer seuls le cheptel. Dans ces moments-là, les familles craignaient de tout perdre et de voir leur vie s'effondrer.

Je dormais sur place, parfois dans un coffre à grains vide où je croisais des rats en goguette. Ailleurs, je m'installais dans le couloir de l'étable après avoir aligné cinq bottes de foin ou de regain pour éviter de coucher par terre avec les rats ou les souris. Je disais aux paysannes qui m'hébergeaient, franchement gênées par mes conditions de vie, que je préférais cela afin d'être plus vite là le matin pour traire les vaches. Je leur expliquais que c'était pour que les animaux à soigner s'habituent à mon odeur et à ma présence. Évidemment, je l'inventais, mais c'était très rassurant pour elles. J'étais mûr pour devenir paysan.

Le mariage du siècle

Depuis le pas de la porte de la cuisine, la vue est à couper le souffle. La colline domine tous les pâturages et les champs de plus de deux cents mètres et permet de voir à près de trente kilomètres. Au loin, quelques villages semblent endormis dans la chaleur du début de l'été. Des troupeaux se distinguent ici et là ; les routes sinuent tels des serpents alanguis.

La ferme se trouve à dix kilomètres de Vesoul. Pour s'en éloigner, il faut conduire trois kilomètres sur une piste avant d'atteindre la route au village d'Andelarre. Autour de la bâtisse, une vingtaine d'hectares de prairies naturelles posées sur un plateau calcaire. Ses murs de pierre lui donnent fière allure. Mais son toit de tôle évoque les bidonvilles, brûlant l'été et glacial l'hiver : le pire des isolants.

Grâce à des amis, ma compagne et moi avons visité ce lieu pour y emménager. Séduits, nous avons voulu commencer notre histoire d'amour ici. Mais la maison n'a ni eau ni électricité. Il faut aller au puits chercher de quoi subvenir à nos besoins quotidiens et s'éclairer le soir à la lampe à pétrole. Les toilettes sèches sont au fond du jardin. Quand le froid arrive, y aller devient une épreuve…

La grange est vaste et peut accueillir un troupeau de moutons et de chèvres, mais les courants d'air y sont nombreux et glaciaux, car elle est très ancienne.

Avant de louer cette maison, j'ai dû organiser un chantier avec des amis pour enlever à la main et à la brouette des tonnes de fumier de mouton, sur un mètre de hauteur, dans toutes les pièces de la maison. Le propriétaire m'avait expliqué avec humour que les derniers habitants des lieux étaient une partie de son bétail.

Pendant deux ans, nous avons vécu là. Nos copains syndicalistes paysans n'en croyaient pas leurs yeux. Ils étaient sidérés de nous voir heureux dans une ferme offrant une vie quotidienne qui ressemblait en tous points à celle du siècle dernier.

Lorsque nous nous sommes mariés, le journal local a titré : « Le mariage du siècle ». Le village comptait encore des centaines d'habitants, mais le lieu-dit où je demeurais était dépeuplé depuis quatre-vingts ans. Nous étions les premiers à nous y marier depuis près d'un siècle, ce qui montrait bien à quel point la désertification gagnait les campagnes.

En cette année 1976, alors que la canicule ravageait le pays, débutait mon initiation au travail d'éleveur. Les chèvres et les moutons que j'avais choisis étaient résistants et rustiques. J'ai pu éviter la catastrophe que d'autres ont connue en les laissant vagabonder dans les forêts environnantes à la recherche de nourriture. Ailleurs, il a fallu mobiliser l'armée pour apporter des fourrages, quand la sécheresse avait tout brûlé. Parfois, j'ai dû aider des voisins à se résoudre à couper des arbres pour donner des feuilles à brouter à leurs vaches. Le risque de sécheresse à l'avenir devrait nous inciter à préparer des alternatives pour éviter ces solutions extrêmes. Car rien n'est plus triste que de couper un chêne cinquantenaire pour parer au plus pressé.

Après deux ans de travail intense, ma femme et moi décidons de revenir dans le monde moderne. Nous déménageons dans une maison proche. Enfin le confort. Mais le domaine a peu de terres. Pour poursuivre mon exploitation, j'envisage de louer des espaces en friche dont personne ne veut à la commune. À ma grande surprise, le maire, lui-même agriculteur, s'y refuse. J'ai compris bien plus tard que son fils avait refusé de s'installer avec lui et qu'il en voulait à la terre entière. Il n'est donc pas question pour lui qu'un jeune « étranger » comme moi, venu de l'autre bout du département, puisse s'installer dans sa commune. La seule solution : le mettre en minorité au conseil municipal. Je confesse avoir été un activiste âpre. Mes amis syndicalistes ont réalisé quelques opérations nocturnes et des slogans personnalisés tagués sur la route devant chez lui et sur ces bâtiments agricoles les plus visibles de la route. Nous avons dénoncé ce maire paysan qui refusait l'installation des jeunes agriculteurs dans sa propre commune. Bientôt, il perdrait la majorité au conseil. Son remplaçant était ouvert au développement de la commune.

La leçon de cette première installation était claire. Il fallait être déterminé pour obtenir gain de cause. Nous avons ainsi constitué autour du syndicat minoritaire des Paysans travailleurs, un petit groupe d'action. Le but était de mener des opérations simples mais impactant les agriculteurs et les industriels dont la conduite était répréhensible. Souvent de nuit, nous nous retrouvions en petit commando. Nous avions le sentiment de rendre justice.

Lutter contre l'accaparement des terres, déjà

Pour lutter contre l'accaparement des terres par des bouchers et maquignons qui mettaient la pression sur des petits paysans pour les faire partir, nous avions trouvé une méthode imparable. Là où étaient installés des marchands de bestiaux sans foi ni loi, nous coupions quelques fils barbelés des clôtures en bordure de bois et nous poussions délicatement le troupeau dans les forêts. Il fallait parfois quinze jours au propriétaire pour rassembler les quarante, cinquante ou cent vaches allaitantes et génisses, dont quelques-unes devenaient très vite sauvages. Certaines mettaient six mois avant d'être capturées si elles n'étaient pas abattues parce que l'on ne pouvait plus les approcher. Cette méthode brutale a eu pour effet de rendre plus compréhensifs ces individus qui ne respectaient pas la vie d'autrui. Nos actions commando n'avaient rien à voir avec le terrorisme si fréquent à l'extrême gauche à cette époque. La violence contre les personnes nous répugnait.

Installé dans une ferme plus grande, dans un hameau, avec des terrains communaux dont personne ne voulait, je me retrouvais avec l'eau, l'électricité et même le gaz. Le bonheur. Mes faibles revenus me conduisirent à faire tous mes aménagements moi-même. J'étais devenu un inconditionnel du troc avec un ami menuisier ébéniste qui s'était installé en même temps que moi dans la commune. Il m'aidait et je l'aidais en retour, et cela ne nous coûtait aucune taxe ni impôt.

Pour construire le hangar d'accueil de mes moutons, mes chèvres, mes vaches et mes chevaux, je suis allé couper tous les arbres pour faire les poteaux en acacia, des bardages en peuplier, des charpentes en chêne ou en pin traité pour faire les barrières et les croisillons. Bien sûr, rien n'était franchement sec et le travail du bois au bout d'un an laissait de grosses fissures et plus rien n'était d'équerre. Mais l'économie réalisée en valait la peine et, somme toute, je pouvais travailler dans de bonnes conditions. L'étable était à un kilomètre de ma maison, au beau milieu des bois, ce qui était pour moi le bonheur absolu.

Deux fois par semaine, après des journées de folie, sur mon tracteur, dans les champs ou avec mes bêtes, je me préparais pour mes actions militantes de commando. Notre syndicat, les Paysans travailleurs, avait des objectifs simples et faciles à identifier. Nous rencontrions des paysans victimes du rouleau compresseur des organisations professionnelles agricoles, dont le sigle OPA soulignait le caractère avide. Nous imaginions comment les défendre en orchestrant des opérations médiatiques qui rendraient visible notre lutte à leurs côtés.

En quelques mois, nous étions devenus de vrais organisateurs d'opérations musclées et plus ou moins clandestines qui défrayaient la chronique de la presse locale pour que des agriculteurs puissent vivre décemment de leur travail. À de nombreuses reprises, nous avons temporairement fait reculer le pouvoir politique, mais aussi syndical et parfois économique.

Dans cette période, le prix du lait était fluctuant, très souvent à la baisse. Il nous arrivait de bloquer les camions des industriels sur les routes départementales, en abattant des peupliers, un premier pour bloquer le camion et un autre ensuite pour l'empêcher de reculer. Après, soit le chauffeur était accommodant et nous laissait vider des dizaines de milliers de litres de lait dans les fossés, soit il était un peu moins compréhensif, mais nous avions toujours le dernier mot grâce au nombre de militants et à notre détermination. Comme par hasard, le prix du lait reprenait une courbe ascendante à la suite de ces actions relayées par la presse.

Il en allait de même du prix de la viande, qui ne correspondait pas à notre prix de revient. Pourtant, les steaks étaient vendus outrageusement cher dans les grandes surfaces et chez les petits détaillants. Pour interpeller l'opinion publique, et surtout les consommateurs, nous organisions des ventes sauvages de viande. Les bêtes étaient traitées à l'abattoir, puis nous découpions nous-mêmes avec des amis bouchers les bœufs et les génisses la nuit dans nos fermes. Rien d'illégal ici, puisqu'il existe une tolérance pour la consommation personnelle. Ensuite, tôt le matin nous allions au marché du chef-lieu du département vendre directement au nom du syndicat la viande au prix coûtant. C'était une économie substantielle pour les clients et cela bouleversait les pratiques commerciales. Au bout d'un mois, nous avons pu reprendre le chemin des négociations avec les autres syndicats et les transformateurs.

Dans nos économies de montagne, et notamment dans les Vosges saônoises, nous défendions les petits agriculteurs victimes des propriétaires terriens qui voulaient récupérer les meilleures terres arables et plates de nos sommets pour produire des sapins de Noël. C'était la grande mode, et comme par hasard, le syndicat majoritaire ne s'opposait pas à ce pillage des terres plates, qui sont si rares en ces reliefs. Nous étions favorables à ce que les propriétaires et les exploitants qui voulaient se lancer dans cette production forestière des sapins de Noël s'engagent à ne le faire que sur des terrains en pente, pour conserver les terres plates accessibles à la production de fourrage. Pour mettre un terme à ce détournement des bonnes terres, nous avons monté de nombreuses opérations commando avec arrachage de tous les plants de sapins de Noël qui venaient d'être repiqués. Pour éviter d'être accusés de destruction des plants, nous les mettions en jauge, en bordure du champ, ce qui permettait aux propriétaires de les replanter ailleurs sans aucune perte.

Des complices chez les gendarmes

À jouer les Robin des bois, nous avons fini par attirer l'attention du préfet et des gendarmes Ainsi ont commencé les affrontements avec les forces de l'ordre. Mais notre mobilisation ne faiblissait pas. Pour nous décourager, le colonel de gendarmerie a fait venir une dizaine de maîtres-chiens avec leurs bergers allemands et leurs malinois. Le but : nous empêcher d'arracher les plants, mais les gendarmes du coin nous avaient prévenus et nous avaient livré une technique pour éviter d'affronter les chiens…

Ce jour-là, nous défendions un éleveur de montagne qui peinait à maintenir son exploitation à flot. Il avait un besoin vital de quelques terres plates pour faire du foin et du regain afin de nourrir ses bêtes et transformer son lait en fromage fermier. Il ne roulait pas sur l'or et travaillait comme un besogneux sans rien demander à personne. Or, un opulent propriétaire voulait lui confisquer ses prés alors qu'il y avait des dizaines de prairies dans les pentes qui auraient parfaitement fait l'affaire pour planter des sapins. Notre détermination était totale. Le colonel de gendarmerie pensait, lui, défendre le droit.

Pendant toute l'opération d'arrachage, certains d'entre nous, munis de manches de pioche en cornouiller, devaient bloquer les gendarmes mobiles. Je n'en menais pas large, mais en tant que leader syndical j'étais de corvée face aux chiens à moins de cinq mètres du colonel qui éructait pour que l'on arrête ce qui pour lui était un acte illégal insupportable.

Soudain, il ordonna à tous les maîtres-chiens d'avancer. Les aboiements redoublèrent. Les chiens affichaient de beaux crocs, prêts à mordre. À la surprise des officiers, nous commençâmes alors à chanter, en rang serré de toutes nos forces. Et la magie opéra : les fauves s'arrêtèrent soudain, ils ne voulaient plus avancer et tournaient la tête, comme gênés. Les maîtres-chiens avaient beau tirer sur les colliers autant qu'ils pouvaient, rien n'y faisait. Les rantanplans avaient les oreilles rabattues et voulaient filer. Quelle scène hilarante ! Un dénouement heureux pour nous, que l'on dut à la brigade locale de gendarmerie qui nous avait prévenus. Nous savions désormais qu'ils approuvaient notre démarche syndicale. En fait, les chiens avaient été dressés pour attaquer des personnes isolées fuyant devant eux. Ils n'avaient pas été entraînés à faire face à un groupe en rang serré et chantant à tue-tête. C'est ce qui les avait décontenancés…

À moins qu'ils n'aient été scandalisés par nos voix de casseroles.

Pendant ce temps, l'autre équipe avait ramassé tous les plants et les avait mis en jauge. Mécontent, l'officier de gendarmerie appela des renforts et nous fûmes arrêtés. Le colonel vint nous trouver dans le fourgon. Il voulait connaître les leaders syndicaux que nous étions, négocier une sortie de crise. De fait, l'affaire n'eut aucune suite. Le propriétaire ne porta pas plainte et jura de replanter dorénavant dans les terres en pente.

Le soir même, nous avions rendez-vous dans un lieu neutre avec les gendarmes qui nous avaient prodigué les bons conseils et nous prîmes le verre de l'amitié discrètement pour les remercier.

À la campagne, les liens humains compensent la rigidité du droit. Pour cela, il faut du dialogue et du respect avant toute chose. Malgré nos actions syndicales parfois virulentes, nous avions un profond respect pour celles et ceux qui défendent l'ordre public et notre sécurité, y compris dans les régions les plus isolées. Nous étions loin des actions des zadistes et des black blocs qui, au nom d'une idéologie collectiviste, sont prêts à tout en faisant preuve d'une violence extrême et stupide qui dépasse l'entendement, au point de ne plus savoir ce qu'ils défendent et revendiquent.

Malgré ma passion pour l'élevage, mon savoir-faire pour transformer mes produits et les vendre en circuits courts, je ne dégageais pas un salaire correct. Heureusement, j'avais un très grand jardin, des poules, des cochons et du gibier à profusion. À la vérité, sans le salaire de mon épouse, seul revenu régulier, nous aurions eu du mal à tenir. J'étais fier de travailler comme un dingue, comme mes voisins, trois cent soixante jours par an, sept jours par semaine, et quatre-vingts à quatre-vingt-dix heures hebdomadaires, avec cinq petits jours de vacances par an.

Pour améliorer ma vie, il me fallait moderniser mon exploitation, augmenter mon cheptel, optimiser la commercialisation directe avec des produits transformés. L'unique solution était l'emprunt. Au moins vingt ans seraient nécessaires pour tout rembourser, si tout se passait bien… Cela voulait dire passer par la banque. L'autre solution était radicale : faire le choix de quitter ce métier de paysan, renoncer à ma passion pour ne pas vivre écrasé par les dettes.

Conseil de guerre

8 mars 1984. Ce jour-là, un jeudi, je sors de la banque avec une boule au ventre. Je viens de faire avec mon conseiller une évaluation de mes possibilités de développement. Cet établissement partenaire des paysans impose des taux d'intérêt lourds. Je vois déjà la perspective de longues années de remboursement. Un souvenir me revient, celui d'un collègue âgé d'une cinquantaine d'années dont le travail harassant lui permettait tout juste de payer ses mensualités. Son exploitation valait des millions, mais tout appartenait à la banque, et il vivait sous le seuil de pauvreté.

De retour à la maison, je prends mon cahier de comptes et m'installe sur la table de la cuisine. Cette fois, je pose tout à plat. Noir sur blanc, je relis les forces et les faiblesses de ma situation. La réalité est cruelle : sans le revenu salarié de ma femme, je suis au bord du gouffre. Et je le resterai si je continue dans la même voie, celle que j'ai explorée avec le banquier. Mais que faire ? Changer de métier revient à renoncer à dix ans de travail, d'engagement, d'amitié…

Le lundi suivant, je retrouve mes camarades du syndicat. Autour de la table, il y a les anciens, René et Jacques. Ces pionniers du syndicalisme trotskiste ont tout connu, tout vécu. Et de plus jeunes, comme Rémy et sa compagne, Jeanne. Ils sont dans les céréales et le tabac, et leur vision n'est jamais la même que celle de la majorité. Et d'autres encore. En tout, ils sont dix. J'ai en eux une immense confiance, de celle que l'on a avec des camarades de tranchée. Car chacun d'eux s'est exposé lors de nos opérations commando. Nous avons partagé le même fourgon de gendarmerie.

Nous sommes assis, tels les chevaliers du roi Arthur, autour d'une table de ferme. Il fait encore froid dehors et un feu de cheminée renforce notre impression de conseil de guerre. Pendant une vingtaine de minutes, je leur expose ma situation. Je donne les chiffres, les forces et les faiblesses. Les perspectives et les incertitudes. Pas besoin de leur parler de la pression que je ressens : ils la partagent. Puis je leur laisse la parole, chacun leur tour : pour ou contre mon départ du monde paysan. Sur les dix personnes présentes, toutes filles et fils de paysans, neuf trouvent tous les arguments pour que je reste.

Seul Jean-Claude, qui a pris la parole en dernier, a ouvertement critiqué tous ses camarades en les traitant d'hypocrites et d'inconscients. Avec courage, il a expliqué que j'avais cette chance folle, après dix ans, d'être sans dette et donc de pouvoir partir sans contrainte. Pour lui, j'allais avoir ce bonheur d'entreprendre une autre vie sans boulet au pied. Il a insisté avec brio sur le fait qu'aucun d'entre eux, lui compris, ne pouvait partir, car bien que fils et filles de paysans, ils étaient déjà tous endettés. Il a reproché à ses camarades compagnons de lutte, les yeux dans les yeux, d'être aveuglés par notre solidarité de syndicalistes et par le fait que j'étais leur leader. Pour lui, ce n'était pas le paysan qu'ils voulaient garder, mais l'ami et l'animateur du syndicat.

À la fin, j'ai pris la parole pour confirmer qu'après une très longue réflexion avec mon épouse je devais renoncer. J'étais trop épris de liberté pour devenir le salarié de la banque des paysans avec un boulet de traite au pied. Je savais aussi que personne ne pouvait me garantir le prix de mes produits d'ici deux, quatre ou dix ans, et même pas pour l'année suivante. Me sachant mauvais gestionnaire, j'avais l'intime conviction de prendre la bonne décision en quittant ce qui était pourtant ma passion et mon choix de vie.

La suite de l'échange a été vive, brutale. Certains de mes amis n'ont pas compris et ont vécu cette décision comme un abandon, une trahison. Pour eux, j'avais tout pour réussir dans le nouveau format économique des circuits courts et du bio, dont personne ne parlait vraiment à cette époque. Je sentais dans le regard de Rémy qu'il me reprochait un manque de courage. Un moment, j'ai eu honte. Mais le vrai courage m'a semblé d'avancer.

Avec ma femme, nous voulions changer de vie, mais en demeurant à la campagne, car nous avions deux enfants, Yann et Gaëlle. Non sans regret, nous avons vendu la ferme. Je me souviens du dernier jour. Le déchirement en quittant les bêtes. J'avais donné un nom à chacune, chacune avait une histoire. J'avais une horrible envie de pleurer, une sorte de nostalgie pour une jeunesse dont je sentais qu'elle me fuyait. Ma femme et moi nous sommes pris par la main pour une dernière promenade dans cette campagne qui avait été notre quotidien. Bien retenir les paysages ; ancrer en nous ces souvenirs. Puis nous sommes montés dans la voiture. Un regard par la portière en passant. Le chemin. La route.

Une demi-heure après, nous étions devant la porte du petit presbytère d'un petit village près de Besançon que nous avions loué pour débuter notre nouvelle vie. Nous partagions un mur mitoyen avec l'église. Mais le plus étonnant était que depuis notre chambre, grâce à un petit fenestron, nous avions une vue directe dans l'église. Hélas, la commune décida d'obstruer cette ouverture qui me donnait un accès direct à la messe sans quitter mon lit…

4.
Un atout vert

En 1985, plus de 3 700 feux de forêt avaient brûlé pas moins de 46 000 hectares. Neuf feux avaient dépassé plus de 1 000 hectares. L'été avait ravagé la forêt méditerranéenne. Pire, en septembre, un gigantesque incendie de forêt a éclaté et détruit en quelques jours plus de 4 100 hectares aux portes des Cévennes. Les médias ont suivi le drame, et l'opinion publique a ressenti une immense émotion devant les paysages désolés, choquée par l'impuissance à stopper la progression du feu ravageur. Devant mon poste, j'étais sous le choc.

Face aux feux

Depuis quelques mois, j'étais attentif à cette question. J'avais remporté un appel d'offres de l'Entente interdépartementale de lutte contre les incendies de forêt, dirigée par Henri Feral, un haut fonctionnaire, avec mon cabinet de conseils en stratégie, créé à peine un an plus tôt et nommé Atout Vert. Je devais rédiger un guide pour les maires, afin de synthétiser les obligations légales et les nécessités pratiques.

Ce soir-là, après le dîner, je lis *Le Canard enchaîné*. Une information retient mon attention. Un entrefilet évoque le désir du président de la République de se rapprocher de la jeunesse. J'ignore pourquoi, mais je me dis que je peux tenter de prendre contact avec l'Élysée, afin de faire quelque chose avec les jeunes pour ces immenses forêts parties en fumée. À l'époque, je n'ai aucune relation politique. Je ne connais même pas le conseiller général de mon canton et encore moins le député de ma circonscription haut-saônoise. Néanmoins, j'ai l'intime conviction que si j'arrive à approcher le président de la République, il comprendrait la nécessité d'une opération de solidarité. Je suis convaincu du poids symbolique d'une mobilisation des jeunes pour faire face à cette catastrophe écologique. J'élabore une solution clés en main pour François Mitterrand.

Depuis le début de ma mission sur les feux de forêt, j'avais eu une fois un contact avec le conseiller spécial de l'ancien ministre de l'Intérieur Pierre Joxe, René Poux. Ce dernier avait une maison dans le Gard. J'envoie donc un fax, avec copie de l'article, pour expliquer mon idée. Dans le même temps, j'alerte une autre personnalité que j'apprécie et dont je suis proche, à savoir René Souchon, secrétaire d'État à la Forêt.

Mon idée devient un projet précis. Organiser pour Noël 1985 un énorme chantier de jeunes en plein cœur du massif brûlé à La Grande-Combe. Cette zone rurale avait déjà été sinistrée par la fermeture des dernières mines de charbon. Un millier de jeunes doivent venir des villes et des banlieues proches. Pour la première fois, tous se mobiliseraient pour l'environnement dans une région ravagée par la crise économique. Grâce à la Fédération unie des auberges de jeunesse et à la Ligue de l'enseignement, un encadrement associatif est envisageable, y compris pour les jeunes volontaires issus des quartiers nord de Marseille.

À ma grande surprise, les retours sont positifs. René Poux a convaincu Pierre Joxe, qui a relayé le message. La semaine suivante, je suis convié à l'Élysée pour rencontrer Béatrice Marre, directrice de cabinet du président de la République.

À cette époque, il vous fallait déjà franchir la porte surveillée par les gendarmes et longer la cour sur le côté, avant d'être confié à un huissier qui vous faisait traverser les couloirs pour arriver au bureau de cette femme puissante et pour moi mystérieuse. On devinait non loin de là la présence du président, ce qui ne pouvait qu'impressionner le petit provincial que j'étais, à peine sorti de sa campagne.

Face à Béatrice Marre, mon argumentaire est simple : la France entière a entendu parler de cette catastrophe. Il est donc normal que François Mitterrand, grand amoureux des arbres, parraine un immense chantier de jeunes de la région apportant leur solidarité aux Cévenols. Ce serait aussi l'occasion pour le président de faire des annonces et d'afficher une détermination sans faille à sauver la forêt méditerranéenne. Les jeunes seraient très utiles, car les forestiers ont besoin de « fascines », des branchages enchevêtrés, presque tissés et assemblés pour stabiliser les terrains en pente soumis au ruissellement. Après que la végétation est partie en fumée, le véritable risque réside dans le lessivage et l'effondrement des terres lors des violentes pluies que sont les « épisodes cévenols ». Les jeunes pourraient fabriquer en masse des fascines avec du bois encore intact et pris sur place. Je tiens donc une magnifique opération qui peut plaire au président. Mais en rentrant pour la première fois au palais de l'Élysée, je n'en mène pas large.

Mitterrand, le président amoureux des arbres

Peu après, le parrainage de François Mitterrand, président de la République, nous est parvenu. J'obtenais aussi l'assurance qu'il viendrait lui-même assister au déroulement du chantier avec les jeunes entre Noël 1985 et le nouvel an de l'année 1986.

Il fallut trois mois pour monter l'opération avec plus de mille jeunes des banlieues, avec un savant mélange de catholiques, de protestants, d'athées, mais aussi de juifs et de musulmans. Cela nécessitait un encadrement de professionnels et une opération de sécurité hors norme en raison de la venue du président de la République. Le sous-préfet de l'époque, Michel Ténaut, a brillamment géré ce déplacement et ce chantier exceptionnel pour le plus grand bonheur de l'Élysée.

Lors de visites de terrain du président, venu en hélicoptère pour voir le chantier et rencontrer les jeunes, tous les officiels, dont je ne connaissais ni les titres ni les fonctions, étaient adorables avec moi. En deux secondes, le représentant de l'État pouvait même changer d'avis sur un trajet plutôt qu'un autre, parce que je l'avais demandé.

C'était jouissif, mais je n'en ai pas abusé, car je voulais que tout soit réussi à la perfection. Comme le président ne me connaissait pas encore, je passai du temps avec lui pour qu'il comprenne que j'étais l'instigateur et le pilote de toute l'opération. Ce 23 décembre, il me prit à part pour me demander pourquoi j'avais eu l'idée de monter cette excellente opération à haut risque. Je lui répondis, les yeux dans les yeux, que c'était pour lui seul, parce qu'il aimait sincèrement la forêt et les arbres et que cette grande cause nationale de lutte contre les feux de forêt devait être la sienne.

Pour aller plus loin, en plus des mille jeunes des banlieues, nous avions aussi fait venir des centaines de jeunes de classes de CM2 au pied du pont du Gard. Face aux enjeux de la prévention des feux de forêt, j'avais imaginé un véritable cours d'initiation à la forêt donné en plein air et en personne par François Mitterrand. Le président était assis dans un grand fauteuil à la saint Louis, non pas sous un chêne, mais sous un bouleau, avec le pont du Gard en perspective. C'était impressionnant, mais ce qui l'était encore plus, c'était ce silence religieux des enfants d'ordinaire turbulents. Le président expliquait son bonheur de flâner en forêt avec son chien, son plaisir de sentir les odeurs de la forêt et son envie de toucher les écorces et les feuilles des différentes essences d'arbre. Il se montrait captivant et les enfants étaient subjugués par cet incroyable conteur. Les petits avaient tous oublié que c'était le président de la République qui leur parlait, et l'échange fut d'une grande spontanéité. Nous en profitâmes pour lancer aussi une très grande campagne nationale sur le thème « Fais gaffe au feu », dont la mascotte était un pilou vert, sorte d'arbre à visage humain qui s'adressait aux jeunes. Avec une stratégie d'information et de conseil pour les quinze mille élus du Sud-Est grâce au Guide des maires et une campagne de mobilisation des jeunes autour de notre mot d'ordre, nous avions les deux cibles prioritaires qui pouvaient être atteintes de façon constructive et positive. Bien sûr, le parrainage de François Mitterrand était le coup de pouce qui décuplait l'efficacité de toutes nos actions.

Dans la foulée de cette mobilisation générale réussie, j'organisai dans la Drôme et en Ardèche avec des élus locaux des parrainages de forêts par le président de la République. Si le locataire de l'Élysée ne pouvait pas toujours être là, il marquait à chaque fois de son empreinte les événements en adressant textes et messages. Lors des actions initiées dans le Diois, nous étions avec les élus locaux. François Mitterrand avait validé notre démarche qui consistait à promouvoir la plantation d'arbres, en nous inspirant du magnifique conte de l'écrivain, *L'homme qui plantait des arbres*, évoquant un berger, Elzéard Bouffier, et ses cent mille glands plantés. Pour moi, l'auteur provençal avait une vision de l'écologie positive, en démontrant qu'un homme seul, berger de surcroît, peut magnifier le terroir où il vit, en créant de toutes pièces une forêt, en plantant tous les ans des glands. Cette fiction valorise l'action quotidienne de chacun d'entre nous et explique même qu'une telle démarche changerait le climat… Nous voulions promouvoir cette vision pragmatique qui fait que *L'homme qui plantait des arbres* est une œuvre majeure de la littérature d'enfance et de jeunesse qui, à ce titre, doit être étudiée à l'école. En outre, cette ode à la ruralité fait aussi l'éloge de valeurs simples et de bon sens comme le travail, la détermination et l'humilité.

À ce moment-là, j'ai compris qu'être passionné par les arbres et la forêt et savoir faire partager ses émotions sont une force considérable qui peut bousculer des certitudes, parce que l'on ne parle plus à la raison, mais au cœur.

En 2022, avec les gigantesques feux de forêt dans le Sud-Ouest, et plus de soixante-trois mille hectares brûlés, soit six fois plus que d'habitude, les incendies donnent raison à ceux qui depuis la fin des années 1980 plaident pour une stratégie globale. D'un côté, il est urgent de renforcer considérablement les moyens de lutte, notamment aériens, et de les redéployer dans les nouvelles zones à risque. Les pompiers ont fait la preuve de leur efficacité et de l'excellence de la gestion en temps réel de la protection des populations. Seuls des moyens supplémentaires peuvent améliorer leur efficience.

Mais cela n'est pas suffisant et il faut aussi, comme sous François Mitterrand, que deux priorités soient réhabilitées, à savoir la prévention et la pédagogie. Cela doit à la fois concerner les élus locaux, les habitants et tous les jeunes, car ils font partie intégrante de la solution pour qu'elle soit durable.

Le rapport du sénateur Pascal Martin, ancien pompier, l'explique avec pragmatisme en plaidant pour la prévention. Il insiste à juste raison comme nous le faisions sur le terrain en 1986 pour dire qu'il faut « retrouver une culture du risque, qui nous fait défaut, et s'y préparer ».

Les Américains et les Australiens, qui connaissent des mégafeux de forêt, savent que les habitants doivent participer à leur propre protection, avec des plans individuels et collectifs pour que chacun sache quoi faire, dans la pédagogie, dans la prévention, dans la lutte et dans l'évacuation des sites. J'apprécie sur ce sujet d'entendre parler de médiation paysagère par la géographe Ondine Le Fur, car elle a raison dans son message prônant l'implication de tous.

Moi qui habite aujourd'hui dans le Haut-Var, zone à haut risque d'incendies, je constate tous les jours que seule une infime partie des habitants applique les règles élémentaires de prévention des feux de forêt. Pire encore, je remarque souvent que l'obligation réglementaire de débroussailler dans un rayon de cinquante mètres autour des maisons n'est que très faiblement appliquée. C'est pourtant le b.a.-ba de la prévention. C'est ce que je fais depuis mon installation en Provence, en coupant près de trente stères de bois par an qui me servent pour le chauffage de la maison.

Mes trois tronçonneuses sont mises à profit tous les ans pour me prémunir de la menace sur la maison que sont les feux de forêt. Cela permet de bénéficier de la lumière au sol et ainsi de faire pousser de belles et rustiques plantes méditerranéennes que les pins et autres résineux avaient fait disparaître.

L'année 2022 a marqué les esprits, mais ce n'est pas suffisant. Pour changer les habitudes, une mobilisation générale doit être engagée dès cette année auprès des différents publics comme de l'opinion publique pour que la prévention et la lutte contre les feux de forêt deviennent une grande cause nationale. Il est impératif que tous les acteurs ruraux soient associés, et notamment les agriculteurs, les chasseurs, et les associations locales des sports de nature, car nous sommes tous concernés.

Fort de cette expérience élyséenne de la lutte contre les feux de forêt et la prévention, j'ai compris que François Mitterrand et son équipe me faisaient confiance, comme spécialiste des « coups médiatiques écolos ». À partir de cette date, j'ai commencé à distiller des propositions d'actions sur toute la politique environnementale présidentielle, en plaidant pour un engagement global, dans tous les secteurs, pour aboutir à des transitions et à des changements durables des pratiques en quelques années.

5.

La ruralité, au-delà des partis

Depuis le 16 mars 1986 et les élections législatives, la France connaît sa première cohabitation entre un chef de l'État de gauche et une majorité parlementaire de droite. Jacques Chirac, le Premier ministre, et sa garde rapprochée m'ont étiqueté comme un soutien inconditionnel de François Mitterrand. Je suis donc totalement infréquentable. Pire, pour eux, je suis l'ancien paysan trotskiste et écolo qui ne peut pas avoir sa place dans le développement durable, vu de droite.

En disgrâce

De fait, la liste des membres du gouvernement brille par son peu de sens de la ruralité. Outre les technocrates, le nouveau ministre de l'Intérieur, Charles Pasqua, n'est pas connu pour sa passion pour les forêts et les arbres et encore moins pour les écologistes. Or, c'est lui qui gère la puissante Datar, qui gère l'aménagement des terres. Il va l'utiliser au profit des amis de son groupe partisan. Encore plus rude, le futur ministre de l'Agriculture François Guillaume était encore quelques semaines plus tôt le leader du principal syndicat agricole, la FNSEA. Guillaume est le chantre d'une agriculture productiviste et d'une agro-industrie comme son prédécesseur Michel Debatisse, qui a présidé aux destinées de la FNSEA avant de devenir secrétaire d'État. Je vois s'éloigner à grands pas les politiques diversifiées où l'agriculture biologique aurait sa place, la défense du bocage et des haies et la limitation des pesticides. Comment peut-on choisir comme ministre un leader syndical aussi partisan et engagé alors qu'à cette époque l'agriculture française est déjà plurielle ?

Seul point positif, le ministre délégué à l'Environnement qui succède à Huguette Bouchardeau se nomme Alain Carignon, maire de Grenoble, et il n'est pas écologiste, ce qui pour moi est plutôt rassurant. Hélas, je découvre très vite qu'il applique à la lettre les consignes de Matignon me concernant. Il m'a fallu du temps pour que son directeur de cabinet, Jean-Louis Dutaret, accepte de me voir. Très affable, ce dernier a d'autres préoccupations, surtout quand survient la catastrophe de Tchernobyl. Mais il prend le temps de me recevoir dans son vaste bureau.

J'arrive avec le désir de bien faire d'un premier de la classe. Je déchante vite. Le directeur de cabinet m'interroge sur mes liens avec les grandes entreprises du secteur. À mon grand étonnement, il me demande si je me rends au siège de certaines. Il insiste notamment sur Sita, un spécialiste des déchets avec lequel je travaille. Et soudain, tout s'éclaire. Mon interlocuteur n'a qu'un but : voir si mon job est sérieux ou fictif. D'un coup, je me sens bête. L'écologie est marginale à ses yeux.

Seul compte le financement de la politique. Même si rien d'illégal n'a été évoqué lors de cette entrevue, je sors du bureau avec le sentiment d'être passé près d'un gouffre. Quelques années plus tard, en lisant des articles sur la condamnation de Carignon à cinq ans de prison pour corruption, j'aurai le sentiment de l'avoir échappé belle. Cet épisode de marginalisation m'aura alerté sur les mauvaises pratiques.

Ma disgrâce a changé mon regard. Désormais, il faut penser la ruralité au-delà de l'idéologie. Ce moment précis a marqué cette prise de conscience.

Nous étions en décembre 1988. Je passais trois jours complets dans la froideur de l'hiver franc-comtois à observer des cerfs en forêt de Chaux. La neige me permettait de suivre les traces et d'approcher les bêtes. Car ces animaux ainsi que les biches sont toujours en hardes, à plusieurs dizaines. J'adorais me mesurer à leur vigilance naturelle en rampant à bon vent, ou en me dissimulant derrière des arbres et des rochers pour être à bonne distance et faire de magnifiques observations.

Le soir, devant mon petit poêle à bois, dans une cabane de chasseurs, je me fis le serment de ne plus être dans un seul camp et de travailler pour tous, quelles que soient leurs sensibilités, de gauche ou de droite. Je trouvais ridicule que le sort du monde rural soit dépendant des alternances politiques. Je voulais faire de l'écologie pragmatique, aider à accompagner des transitions pour les collectivités comme pour les industriels et promouvoir une ruralité dynamique et vivante qui ne se réduise pas à l'agriculture. Je savais déjà que neuf habitants sur dix de nos campagnes avaient d'autres sujets de préoccupation que la production agricole, et pourtant, nos responsables politiques de l'époque pensaient qu'une bonne politique rurale devait avoir une très forte orientation agricole.

Devant mon feu de bois qui crépitait alors qu'un hibou moyen-duc hululait dans la nuit noire, je me répétais plusieurs fois à haute voix : « Plus jamais ça ! » J'étais loin de la culture macroniste du « en même temps », mais je ne voulais plus connaître la paralysie stérile des idéologues.

Brice Lalonde, le stratège de l'écologie positive

En mai 1988, après deux années d'une cohabitation conflictuelle et assez déprimante, François Mitterrand est réélu président de la République.

Je saisis l'occasion pour reprendre tous mes contacts et retisser des liens après deux années d'une brutale mise au placard. Dans l'attente de la nomination du gouvernement, je passe mes journées à rencontrer celles et ceux qui pourraient compter, du PS au PC en passant par les centristes qui sont censés rejoindre l'équipe gouvernementale.

J'ai le sentiment qu'il faut rattraper le temps perdu pour l'écologie et la ruralité. En juin 1988, dès la nomination des ministres, les portes des cabinets ministériels recommencent à s'ouvrir et je retrouve mon aura de proche du président de la République. Pourtant, dans la réalité, je ne le suis pas vraiment. Comme on ne prête qu'aux riches, je ne démens pas cette belle rumeur, et le quotidien *Libération* m'aide involontairement en expliquant à plusieurs reprises que je suis chargé par l'Élysée de « ravaler en vert la façade des socialistes du gouvernement ».

En théorie, les ministres de gauche m'utilisent pour élaborer des stratégies environnementales. Cependant, je constate très vite que la principale demande consiste à imaginer de bons plans de communication plutôt que de lancer des chantiers stratégiques plaçant l'écologie au cœur des politiques publiques.

Brice Lalonde, le secrétaire d'État à l'Environnement, s'en amuse. À sa nomination, il a bien compris l'importance donnée à ce secteur : il apparaît dans l'ordre protocolaire comme l'un des plus petits maillons du gouvernement. Le Premier ministre, Michel Rocard, n'est pas réputé pour sa passion pour l'écologie et son intérêt pour les campagnes est plus que relatif, malgré un passage au ministère de l'Agriculture.

Tous ont sous-estimé la détermination et le machiavélisme de Brice Lalonde. Ce pionnier connaît parfaitement les forces et les faiblesses du président de la République et du Premier ministre et leur capacité à tester mutuellement en permanence leurs limites.

Le secrétaire d'État est nommé depuis à peine vingt-quatre heures que je franchis déjà la porte de son bureau. Il avait immédiatement répondu à mon appel, ironique, annonçant que je ne travaillais pas avec lui car ma priorité devait être de convertir à l'écologie les autres membres du gouvernement.

Devant un bon café et dans une ambiance très conviviale, il m'explique calmement que nous partageons les mêmes valeurs et le même regard sur l'urgence d'une vraie politique environnementale. Pour qu'elle soit efficace, nous voulons qu'elle irrigue toutes les strates de l'État et des collectivités territoriales. Nous sommes en phase pour promouvoir une approche d'une écologie positive et incitative plutôt que punitive. D'ailleurs, François Mitterrand ne s'est pas trompé en lui confiant la responsabilité de l'Environnement dans une période où l'écologie est loin d'être au cœur des débats publics et où Lalonde apparaît déjà comme un écologiste pragmatique.

Brice Lalonde veut que je comprenne que, malgré l'ordre protocolaire et la difficulté du défi que nous nous sommes lancé, il a bien l'intention de mettre en pratique ce que nous partageons tous les deux depuis si longtemps. Il m'assure que son meilleur allié est le président de la République et que c'est à lui et à lui seul qu'il va proposer un plan global comme nous en rêvons depuis des années. Tous les deux, nous savons que la bonne solution est d'imposer un véritable « Plan vert » qui concernerait tous les ministres, toutes les administrations nationales et départementales et toutes les collectivités, afin d'intégrer l'écologie dans toutes les politiques publiques. Pour le secrétaire d'État, cela ne peut fonctionner que si les arbitrages sont imposés par l'Élysée au Premier ministre et aux ministres, y compris les plus réticents. Il voit en moi un allié objectif, car je suis identifié comme l'homme du président tout en étant aussi proche du ministre de l'Intérieur, Pierre Joxe, et de René Souchon, lui-même très proche de Laurent Fabius. Je suis sidéré par l'habileté tactique de mon ami Brice, que je croyais être un militant écologiste des Amis de la Terre séduit par la fonction gouvernementale plutôt que par l'action au quotidien et la révolution du changement.

Je comprends que je m'étais franchement trompé sur la personnalité de ce Parisien aux racines bretonnes qui avait quand même fait le score plus qu'honorable de 3,87 % à la présidentielle de 1981.

Avec une redoutable efficacité et sans bruit, Brice Lalonde réussit à convaincre le président de la République qu'il faut lancer un plan national pour l'environnement ambitieux. Ce méga-Plan vert doit aussi être décliné dans toutes les administrations et dans les collectivités avec des objectifs régionaux, départementaux et communaux. Avec plusieurs décennies d'avance, François Mitterand et son ministre de l'Environnement ont déjà imaginé des référents verts dans toutes les administrations centrales et locales. La volonté affichée est simplement de vouloir intégrer le paramètre « environnement » dans chaque décision, au même titre que l'on prend déjà en compte des dimensions sociales, économiques et culturelles. Pour l'époque, cette approche globale et anticipatrice est révolutionnaire. Mais c'est surtout du bon sens que de vouloir accompagner la transition écologique à tous les niveaux, du sommet de l'État au cœur des administrations décentralisées, en passant par toutes les communes de France, et surtout auprès de tous les habitants.

Ma motivation est telle que je n'attends pas plus de trois mois pour me préparer à piloter les premiers plans verts, ces premières tentatives d'approche globale des questions écologiques dans les territoires qui vont être mises en place, et pour m'investir auprès de ceux qui sont prêts à jouer le jeu sans arrière-pensée.

Hélas, l'alternance politique a le pire effet qu'on puisse craindre. L'arrivée de la droite, en mai 1994, avec Jacques Chirac comme président de la République, porte un coup d'arrêt brutal à cette stratégie ambitieuse. Il faut reconnaître que ce plan national perturbe de nombreux intérêts et fracasse beaucoup de certitudes chez nos politiques comme dans les administrations et les collectivités. Ceux qui veulent mettre un terme définitif à ce plan sont donc nombreux, et l'alternance est un prétexte rêvé.

Ce n'est que dix ans plus tard, en 2004, que Jean-Louis Borloo, à la tête d'un gigantesque ministère de l'Écologie, lance son Grenelle de l'environnement dans une démarche totalement similaire au Plan vert. L'objectif est d'imposer une nouvelle méthode de concertation pour conduire les politiques environnementales à tous les étages de la société et de faire des choix stratégiques pour les trente prochaines années.

Lorsque j'entends les discours actuels sur le réchauffement climatique et la nécessité de changer nos modes de production et nos modes de vie, je me dis que François Mitterrand et Brice Lalonde étaient des visionnaires et qu'ils avaient plus de trente ans d'avance.

Que de temps perdu alors que nos deux compères imaginaient en 1990 que l'écologie devait être un paramètre incontournable de toutes les décisions politiques et économiques. J'ai l'intime conviction que si Brice Lalonde avait été ministre de l'Écologie à la place de Nicolas Hulot, l'environnement aurait vraiment été intégré dans les politiques publiques de façon durable au regard de l'évolution de la sensibilité de l'opinion publique à la cause environnementale.

De la Picardie au Languedoc-Roussillon

L'autoroute déroule son long ruban. Le paysage alterne de longs champs et quelques molles collines. Au péage, peu de monde. Nous sommes en début de matinée, les habituels bouchons des heures de pointe me sont donc épargnés. La fatigue se fait sentir. Je voudrais rouler plus vite, être déjà à destination. Mais les accidents qui ont touché mes proches retiennent mon pied. Prudence est mère de sûreté. En train, je serais arrivé plus rapidement et plus tranquille. Erreur de campagnard.

Deux heures plus tard, me voici à Amiens. Il est encore tôt. Mon rendez-vous est à midi, au Jules Verne, un restaurant du centre-ville. J'entre dans l'établissement et je cherche mon interlocuteur des yeux. Il n'est pas encore là. Je m'assois dans un coin de la pièce. Quelques personnes qui prennent un café. Je vois aussi des pointus. Dans quel autre pays peut-on, le plus innocemment du monde, agrémenter son café d'alcool, à l'heure du déjeuner ?

Enfin, Alain Gest arrive. L'homme commence à se dégarnir mais garde quelques cheveux au sommet du crâne. Il a une moustache taillée, très différente de celle des syndicalistes ruraux. Elle donne une impression de sérieux. Alain Gest est élu du conseil régional de la Picardie. Un des rares élus des années 1990 pour qui la préservation de la nature compte au premier chef. Or, les conseils régionaux et généraux n'ont pas de poids en matière de politique environnementale. Il me dit en quelques mots que son objectif est de changer la donne. Il veut que nous imaginions un moyen d'intervenir à l'échelon régional. Et là, devant une belle assiette, nous voici en train de parler stratégie, méthode et politique.

Car le mode de scrutin de l'instance régionale engendrait parfois une certaine dépendance vis-à-vis des élus régionaux chasseurs (CPNT), des Verts, ou du Front national. Dans des régions comme l'Aquitaine, l'Occitanie, la Picardie ou le Poitou-Charentes, même les conseillers régionaux chasseurs étaient en mesure de peser seuls sur les décisions, et cela engendrait des chantages pas toujours très glorieux. À cette époque, je n'accompagnais pas encore la stratégie des chasseurs et bien souvent j'essayais d'imaginer comment réduire leur influence dans les décisions régionales, tout comme celle des élus Verts.

En deux heures, l'essentiel est pensé, pesé. Le mieux est de créer un outil autonome du conseil régional. On évitera ainsi les tensions entre les partis, et la création d'une institution permettra de pérenniser les objectifs. Ainsi s'est esquissé le système des agences régionales de l'environnement. Et cette stratégie picarde a fait tache d'huile.

Très vite, ce modèle inspirera d'autres régions, qui se lanceront dans la même aventure, en utilisant ou non les services de mon cabinet. Néanmoins, je suis presque toujours sollicité, y compris amicalement, en raison de mon expertise personnelle, afin d'éviter de reproduire les erreurs que nous avons déjà commises et de réduire les écueils. De la Bourgogne à la région Paca, en passant par la région Midi-Pyrénées, l'Occitanie, le Poitou-Charentes, l'Île-de-France et bien d'autres, les agences régionales de l'environnement sont devenues une réalité, avant même que les compétences environnementales ne soient inscrites dans les lois de décentralisation. Et l'écologie a échappé aux écologistes.

Grâce à cette démarche, je deviens en même temps le conseiller de Jean-Pierre Raffarin, qui préside le conseil régional de Poitou-Charentes, et celui de Jacques Blanc, à la tête du conseil régional du Languedoc-Roussillon. L'un est modéré, et l'autre prêt à s'allier avec le Front national pour terrasser Georges Frêche, son adversaire socialiste. Deux caractères différents et deux stratégies incompatibles, en principe. Mais chacun doit aussi gérer habilement des élus régionaux, chasseurs, écologistes et Front national qui pratiquent la surenchère sur les actions environnementales.

Lors de la présentation de la mission de mon cabinet par Jacques Blanc, en séance plénière du conseil régional, ce dernier a expliqué, en faisant rire tout le monde, qu'il n'est pas sectaire puisqu'il a confié les clés de la stratégie environnementale au conseiller personnel de François Mitterrand. Ma proximité avec le président de la République rassure même ses adversaires… Dans leur esprit, si Mitterrand me fait confiance, cela signifie que l'on peut compter sur ma discrétion et mon efficacité.

Guérilla dans le Marais poitevin

À cette époque, Raffarin est passionné de communication politique. Ancien dirigeant d'une agence de publicité, il a un sens de l'annonce magistral. Peu connue, son amitié avec Jacques Chirac devient claire en 1995, avec sa nomination au ministère des PMI-PME. Mais le nouveau ministre a la défense de l'environnement chevillée au corps et en communique l'importance au président. La stratégie environnementale initiée en Poitou-Charentes prospère malgré son absence. L'alternance et la cohabitation de 1997 à 2002 lui donnent l'occasion de remettre les pieds sur le terrain. Le conflit avec des écologistes et des associations se durcit et il lui faut trouver de nouveaux axes. L'un d'entre eux s'avère essentiel : la défense des espèces et des espaces menacés. C'est pourquoi la stratégie choisie par le président de la région va encore plus loin avec la création d'un Conservatoire régional des espaces naturels qui a longtemps été un modèle unique et très original. Il faut reconnaître que le Poitou-Charentes concentre un très grand nombre de chasseurs et est le siège de la Ligue pour la protection des oiseaux.

D'où de véritables conflits qui mobilisent non seulement le Poitou, mais encore la Vendée. C'est là qu'entrent en scène deux poids lourds. Ségolène Royal, députée des Deux-Sèvres, férue d'écologie, veut aussi avoir son mot à dire sur le Marais poitevin. Car cette zone humide s'étend sur cent mille hectares, à cheval sur deux régions et trois départements. La Venise verte est le deuxième espace de ce type en France, après la Camargue.

Au moment où nous réfléchissons à la création de l'agence régionale de l'environnement, la polémique sur le retrait possible du label « parc naturel régional » du Marais poitevin fait la une des médias. Jamais un parc naturel régional n'avait connu une remise en cause de son label. Pourtant, hier comme aujourd'hui, un véritable débat est ouvert entre le développement agricole avec la maîtrise de l'eau prôné par le président de la Vendée et la protection totale de la zone humide défendue par la future ministre de l'Écologie. Comment concilier tous les points de vue, y compris celui de Philippe de Villiers, un résistant dans l'âme, président du conseil général de Vendée ? Pour lui, les paysans sont la première préoccupation. Pour protéger la vie sauvage menacée par l'agriculture intensive, il faut donc agir.

Ma première rencontre avec Ségolène Royal date du 15 septembre 1992. Elle est ministre de l'Environnement depuis quelques mois et a demandé à Jean-Pierre Raffarin, président du conseil régional de Poitou-Charentes, de venir la rencontrer à Niort. L'enjeu ? Le Marais, bien sûr…

Raffarin m'a demandé de l'accompagner. Depuis quelques mois, je le conseille sur les questions environnementales. Sans doute aussi veut-il avoir un témoin, car sa confiance à l'égard de Ségolène Royal est limitée. Cette dernière rêve de lui prendre sa place, ce qu'elle fera quelques années plus tard…

Le bureau de Ségolène Royal à Niort est grand et lumineux. Comme le sourire de la ministre : son accueil est extrêmement chaleureux. Complice, elle lance du « mon cher Jean-Pierre » et très vite me donne du « cher Thierry » comme si nous avions traversé le Marais poitevin en barque pendant une journée ensemble. Pourtant, l'heure est grave, car il faut se mettre d'accord pour éviter le retrait par l'État du label du parc interrégional du Marais poitevin. C'était la première fois en France qu'un label d'un parc régional risque d'être retiré. La Venise verte est menacée, sa superficie a diminué de façon inquiétante à la suite de la pression du lobby agricole, notamment vendéen. Les agriculteurs jouissent du soutien sans faille du président du conseil départemental, Philippe de Villiers.

Malgré son rire communicatif, Ségolène Royal est aux aguets. Tout en nous servant un café, elle cherche une solution pragmatique à afficher rapidement. Son objectif est de marginaliser le leader politique vendéen Philippe de Villiers, qui fait peur à tout le monde dans les deux régions. Si l'État et l'une des deux régions parlent d'une même voix, il ne sera pas difficile d'établir une politique valorisant le Marais au détriment de De Villiers et du puissant lobby agricole qu'il défend.

Jean-Pierre Raffarin n'a rien contre cette stratégie. Elle suppose une défense du parc naturel régional. La réunion se déroule à merveille. En moins de deux heures, nous avons établi un plan d'action, rédigé des éléments de langage et posé les bases du communiqué de presse. Le directeur de cabinet de la ministre et celui de Jean-Pierre Raffarin doivent se parler. Pour Jean-Pierre Raffarin, il est impératif que la région et le gouvernement communiquent en même temps, afin de renforcer l'image de consensus pour lutter contre l'assèchement du marais, véritable joyau national.

En repartant en voiture, nous éprouvons le plaisir des choses bien faites. C'est un de ces moments où l'on a le sentiment que la politique est belle et importante. Raffarin est même étonné que tout se soit aussi bien passé.

Mais c'était trop beau pour être vrai. Nous roulons depuis un quart d'heure en direction de Poitiers quand le directeur de cabinet de Jean-Pierre Raffarin nous appelle.

Il vient de lire le communiqué signé de la seule ministre annonçant l'initiative. Et c'est l'AFP qui l'annonce.

Ségolène Royal récupère ainsi tout le bénéfice politique de l'opération en s'affichant comme grande défenseuse du Marais poitevin face à des élus sous pression du lobby agricole. Elle joue au bon chevalier blanc qui veut sauver quoi qu'il en coûte ce marais français emblématique. Raffarin et moi avons été roulés dans la farine. Le président de région est fou de rage. Il éclate dans une de ces colères que je ne lui connaissais pas.

En fait, la ministre a simplement saisi une opportunité. Sans la moindre gêne, elle a été capable de tout promettre, sans avoir l'intention d'être fidèle à sa parole, car elle pensait que cela n'affaiblirait pas localement sa position et parce que de Villiers et Raffarin pouvaient désormais apparaître en chantres de la paysannerie.

Le culot et l'incroyable manque de fiabilité de Ségolène Royal expliquent que le Marais a été mal soutenu et que son label de parc naturel régional lui a été retiré en 1996. Le parc ne remplissait pas ses objectifs de protection. Les petites guéguerres locales ont affaibli la préservation de cet espace unique en Europe. Mais soyons beaux joueurs. Quand Ségolène Royal réintégrera le gouvernement sous la présidence de François Hollande, elle obtiendra le retour du classement en parc naturel régional, en 2014.

Retour en 1992. Pour aider Jean-Pierre Raffarin à sortir par le haut de cette situation devenue ubuesque, il faut innover. Comment établir une concertation et une gouvernance partagée sur les espaces naturels de toute la région ? Il n'est pas possible de reproduire le modèle proposé par les ONG de protection de la nature et les écologistes. Leur système « clés en main » consiste à faire financer par la région une étude réalisée par la Ligue de protection des oiseaux (LPO) afin de mettre en place un conservatoire, une autre structure administrative, comme nous savons en créer. Comme par hasard, cette étude est la même que dans les autres régions, avec un modèle unique de gouvernance, élus régionaux et ONG, le tout financé par le conseil régional, en excluant les autres utilisateurs et gestionnaires des territoires. Bref, nous sommes dans la méthode habituelle d'une ONG, qui consiste à prendre les régions pour des distributeurs de fonds et à s'arroger un monopole dans la gestion des espaces naturels, au nom de l'intérêt général, en évinçant tous les autres acteurs.

Pour contrer cela, il faut imaginer un conservatoire unique en France où tous les acteurs de la ruralité seraient représentés autour de la table de la gouvernance. C'est la fin du monopole des ONG, et en particulier de la LPO, qui alors use et abuse du fait d'avoir son siège social à Rochefort en Charente-Maritime pour faire du chantage. Ainsi, les agriculteurs, les chasseurs, les maires, les forestiers et les ONG sont mobilisés et obligés de travailler ensemble.

Mais nous avons une arrière-pensée plus machiavélique pour tenir compte de la polémique sur le Marais poitevin : nous allons associer les conseils départementaux à la nouvelle organisation. De la sorte, toutes les collectivités territoriales seront à la table des négociations. Avec les départements, la capacité financière du conservatoire est démultipliée, car la nouvelle institution pourra être alimentée par la taxe départementale des espaces naturels sensibles (TDENS) prélevée par les départements. Cette nouvelle instance sera une machine de guerre à rechercher des compromis.

Grâce au savoir-faire et à la diplomatie proverbiale de Jean-Pierre Raffarin, l'opération s'avère une réussite. La gouvernance partagée fonctionnera, et les ONG pourront constater que l'on peut intervenir partout dans les zones humides, notamment en associant les opérateurs, qu'ils soient chasseurs, agriculteurs, propriétaires privés, collectivités locales ou ONG. Depuis, c'est ce modèle qui est devenu la règle. Il évite que tel ou tel groupe d'intérêt ne dénature la campagne à son avantage.

6.
Au cœur de la chasse

En devenant le lobbyiste des chasseurs en 1994, il y a presque trente ans, j'ai très vite compris qu'il fallait éviter de ne parler que de chasse, de chasseurs, de gibier et d'armes à feu. Je sentais intuitivement qu'il fallait éviter de ne représenter qu'un lobby anti-écolo primaire et un lobby anti-défenseurs des animaux sous peine d'apparaître comme la victime d'un monde qui change, qui s'urbanise et qui se moralise, face aux armes et à la mort.

Je me disais souvent qu'il fallait arrêter d'être le ringard de service qui lutte contre une évolution inéluctable en pensant que tout était mieux hier et que demain serait la fin de mon monde. Face à la percée médiatique des Verts et plus largement de l'écologie politique et de la montée de la préoccupation sur la bientraitance animale, je sentais que nous allions ramer à contre-courant si nous n'étions pas malins et opportunistes.

Comment les chasseurs sont devenus un parti rural

Je savais que nous avions des atouts, mais qui ressemblaient à des tabous aux yeux de l'opinion publique, comme notre pratique populaire dans les campagnes où l'on occupe les espaces, le fait que l'on tue par plaisir plus que par obligation, et des accidents très rares mais réels, avec des non-chasseurs.

À côté de cela, nous avions aussi une partie des forces vives de la chasse qui pensait qu'il fallait s'afficher exclusivement comme des gestionnaires et des comptables de la faune sauvage. Il fallait expliquer que nous sommes d'excellents gestionnaires et que la chasse est souvent un formidable moyen de régulation de la faune sauvage.

C'est l'émergence du parti politique des chasseurs, Chasse, pêche, nature et traditions (CPNT), qui me donna l'occasion de remettre ma stratégie rurale au goût du jour. Son leader, Jean Saint-Josse, cochait toutes les cases pour se revêtir du manteau de la ruralité. Nous étions en 1998 et le Front national n'avait encore aucune stratégie rurale pour capter la France des oubliés, qui serait le slogan de Marine Le Pen plus tard.

Jean Saint-Josse était maire d'une petite commune rurale du Béarn. Il avait un accent à couper au couteau et parlait dix fois mieux de la vie quotidienne dans nos campagnes que de la chasse. Le fait d'être passionné d'une seule chasse, celle de la palombe, lui donnait une image de l'authentique amoureux d'une tradition rustique qui a l'intonation du terroir, le goût du vin, du foie gras et de la charcuterie, avec un zest de chasse.

Saint-Josse et son accent béarnais, son allure un peu désuète. Sa seule présence faisait entrer dans les médias les enjeux du monde rural. À quelques-uns, nous avons imaginé que ce maire pourrait être la figure emblématique de la défense de nos campagnes.

Comme à cette époque, dans toutes les banlieues, le slogan porteur était « Touche pas à mon pote », nous avons imaginé une variante : « Touche pas à nos campagnes ». Et comme les traditions étaient attaquées par les écologistes, le clivage urbain/rural devint le fer de lance de notre stratégie, passée de la cynégétique à la politique.

En quelques années, la mayonnaise a pris et le leader politique des chasseurs est naturellement devenu le défenseur passionné d'une ruralité vivante bien que nostalgique.

Être élu du Sud-Ouest était un atout, car l'Aquitaine illustrait à merveille la qualité de vie, les savoir-vivre, les traditions et la diversité des produits du terroir.

Je sentais que Jean Saint-Josse me faisait confiance, alors le Machiavel rural que je suis a cherché des alliés parmi les dirigeants du mouvement politique pour verrouiller la stratégie politique un peu iconoclaste que n'avait pas eue son prédécesseur. Et que n'aurait pas son successeur. Cela m'a conduit à prendre très vite un poids politique au sein du parti sans jamais adhérer.

Se rendre incontournable est sans doute une seconde nature chez moi, et j'ai conscience que cela doit profondément irriter ceux qui sont plus légitimes que moi. Hélas pour eux, je sais que la nature à horreur du vide et que l'on peut s'imposer naturellement sans la moindre gêne. Ainsi, à l'insu de mon plein gré, je suis parvenu à diriger la campagne des régionales de 1998 où CPNT a décroché trente-deux sièges dans dix-sept régions, puis les européennes de 1999 où six députés européens chasseurs sont rentrés au Parlement européen, puis de piloter la campagne présidentielle de 2002. Avec 4,3 % des voix alors que la campagne électorale reposait sur le bouche-à-oreille et les réseaux « chasse », ce fut un succès incroyable qui aujourd'hui encore donne la température politique de l'électorat chasseur.

Pour faire une analogie avec la présidentielle de 2022, il suffit de comparer ces résultats avec ceux du candidat des Verts Yannick Jadot, qui a terminé avec le score de 4,63 % des voix alors qu'il a été omniprésent dans les médias durant plusieurs mois et dans les sondages à plus de 15 %. Les journalistes politiques nous ont fait consommer du candidat Vert matin, midi et soir sur toutes les chaînes TV et les radios. Son résultat a été catastrophique, alors que l'écologie est devenue un sujet permanent dans les médias… À l'inverse, en 2002, nul ne parlait de la chasse dans les grands médias, et le candidat s'est haussé au même score.

À partir de ces cinq années de pilotage de la chasse dans sa dimension politicienne, plusieurs conclusions se sont imposées. D'abord, la chasse est une activité populaire rurale en France. Elle jouit d'une légitimité certaine pour se glisser dans un ensemble plus vaste et beaucoup plus attrayant pour le grand public, à savoir la défense des campagnes. Cette défense de la ruralité est une signature qui perdure aujourd'hui, et il n'y a que les écologistes intégristes qui dénoncent le fait que les chasseurs osent s'afficher comme des ruraux.

Bien sûr, j'ai toujours eu l'intime conviction que les chasseurs n'avaient pas plus de légitimité que les écologistes pour faire croire qu'un parti politique était la solution aux problèmes de l'écologie ou de la ruralité. C'est l'affaire de tous et non d'un groupuscule sectaire.

C'est ce qui a fait que, par conviction autant que par machiavélisme, j'ai entrepris de démolir sans états d'âme le parti Chasse, pêche, nature et traditions et ses leaders Jean Saint-Josse puis Frédéric Nihous dès le lendemain de 2002. Moins de deux ans plus tard, le parti des chasseurs devenait un micromouvement de la ruralité qui quittait le positionnement habile du « ni gauche ni droite » pour s'ancrer à droite. Je savais parfaitement que cette posture allait précipiter sa fin.

Le vrai jeu de la Fédération nationale des chasseurs

Dès 2002, la Fédération nationale des chasseurs (FNC) a repris le flambeau de la représentation publique officielle de la chasse. Elle a mis en place la stratégie d'influence adaptée au nouveau contexte politique avec une majorité politique favorable à la chasse.

Les journalistes les plus curieux ont découvert tardivement que, malgré l'opposition affichée pendant cinq ans entre les leaders du parti politique des chasseurs et les dirigeants de la Fédération nationale des chasseurs, les deux organisations ont eu le même conseiller politique, à savoir moi-même.

C'était mon boulot de stratège d'utiliser les forces de chacun pour rendre incontournables les réformes nécessaires à la chasse française tout en faisant monter la pression politique. C'est d'ailleurs cette surenchère habile qui a finalement conduit à un lobbying institutionnalisé de la FNC dans la loi chasse de 2000, dix fois plus puissant qu'un parti politique. Néanmoins, c'est un homme politique madré et passionné de chasse et de ruralité qui est à l'origine de cette opération machiavélique, à savoir François Patriat, député socialiste de Côte-d'Or à cette période.

Nous étions ouvertement les frères ennemis les plus irréconciliables. Je disais les choses les plus virulentes contre lui, comme soutien inconditionnel de Jospin et de la ministre verte Dominique Voynet. Pourtant, notre passion commune faisait que, dans les coulisses, en toute discrétion, nous tirions ensemble les ficelles pour d'un côté tuer CPNT et de l'autre consolider le lobbying des fédérations. C'est ce même homme, vétérinaire, passionné de vins et très fin politique, qui me présenta le premier, des années plus tard, en 2016, Emmanuel Macron, pour que je l'aide dans sa campagne présidentielle sur l'électorat rural.

Parlementaire de gauche devenu ministre, François Patriat était et reste un défenseur inconditionnel des PMI-PME, des commerçants, des artisans, des professions libérales et des agriculteurs. Il est encore aujourd'hui l'un des hommes de confiance du président, d'une fidélité et d'une fiabilité sans faille, n'hésitant jamais à dire franchement ce qu'il pense à Emmanuel Macron. Bourguignon dans l'âme, il a présidé aux destinées de sa région pendant douze ans. Unanimement apprécié pour son bon sens et son respect de la parole donnée, il est un incroyable bon vivant avec un humour à vous faire décrocher la mâchoire à force de rire. Avec le temps, il est vraiment devenu mon frère d'armes pour la promotion d'une ruralité dynamique et entreprenante auprès du président de la République et surtout dans l'opinion publique. Travail de titan, tant il y a de technocrates verts qui veulent dévitaliser et déshumaniser la campagne.

7.
Les si fragiles ministres de l'Écologie

Depuis la démission fortement médiatisée de Nicolas Hulot, ministre de la Transition écologique, ministre d'État et numéro trois du gouvernement, on me présente encore, cinq ans après, comme le « tombeur de Hulot ». On m'attribue un trophée que le chasseur que je suis n'avait même pas demandé, car Hulot n'était plus pour moi une menace. Il était l'homme des grands principes, le personnage préféré des Français selon les sondages, et, au sein du gouvernement, ce que l'on appelle selon moi un « ministre fainéant ». Le manteau ministériel était trop grand pour lui et c'est la raison pour laquelle il avait eu l'instinct de refuser ce même poste lorsque Nicolas Sarkozy et François Hollande le lui avaient proposé. Mais l'incroyable force de conviction du nouveau président de la République Emmanuel Macron avait balayé toutes les réticences de celui dont le besoin prioritaire est d'être aimé du plus grand nombre.

Hulot, un mauvais coup pour Macron

Alors, pour l'animateur d'« Ushuaïa », on déroula le tapis rouge, car les médias le considérèrent pendant un mois comme la plus belle prise de guerre d'Emmanuel Macron dans son gouvernement.

L'animateur TV devenait en vingt-quatre heures le numéro trois du gouvernement avec un grand ministère de la Transition écologique et des capacités interministérielles hors norme.

L'éternel agitateur d'idées, initiateur de nombreuses chartes à signer par les candidats à la présidentielle, candidat malheureux à la primaire des Verts en vue de la présidentielle, devenait « monsieur le ministre ». Des voitures avec chauffeurs, des motards et des sirènes hurlantes, des réceptions officielles dans les pays visités avec les honneurs dus à son rang. Il n'en fallait pas plus à Hulot pour penser qu'il avait réussi et que cela suffisait amplement. Monsieur le lanceur d'alerte en chef était aux yeux de sa bande de potes écolos arrivé au sommet de la gloire. Ils avaient porte ouverte au ministère, faisaient partie des délégations officielles et pouvaient regarder de haut ceux qui, comme moi, les avaient taxés d'écolos de salon et de semeurs de mauvaises nouvelles.

À ce moment-là, Hulot s'est senti intouchable, lui qui sera rattrapé par de possibles affaires d'agressions sexuelles, plainte classée sans suite à ce jour. Qui a oublié que l'animateur vedette de TF1 avait vécu durant de longues années comme un nabab entouré d'une cour, faiseur de carrières dans l'audiovisuel, en raison de la brillante réussite de son émission ? Pour ma part, j'ai toujours pensé qu'il était obsédé par son image au lieu de s'effacer devant la beauté des paysages et la force des autochtones et des Indiens qu'il rencontrait. Je dois avouer que je n'ai jamais aimé ce personnage donneur de leçons, toujours le visage triste et surtout centré sur lui-même.

J'avais prévenu Emmanuel Macron la veille de son choix qu'il faisait un coup médiatique génial pour un court instant, qui serait salué par tous les journalistes. J'avais néanmoins insisté sur le prix politique à payer immédiatement avec la perte de trente à quarante circonscriptions rurales pour les législatives qui arrivaient. Je savais que la nomination de Nicolas Hulot, écologiste détesté dans nos campagnes, allait engendrer le refus des chasseurs, des agriculteurs et d'un certain nombre de ruraux, de voter pour les candidats étiquetés Macron. L'effet repoussoir d'un écologiste à l'Écologie était certain dans nos campagnes, alors qu'il pouvait être perçu comme un plus en ville. Bien sûr, pour Emmanuel Macron, qui ne doutait pas d'avoir une majorité absolue à l'Assemblée nationale, la perte n'était pas significative. Mais connaissant très bien le sieur Hulot, que je combattais déjà depuis vingt ans, j'avais aussi assuré au nouveau président de la République qu'il en baverait pendant cinq ans, avec un ministre possiblement capricieux, cyclothymique, sectaire, peu courageux et encore moins travailleur.

À ce moment-là, je ne pouvais imaginer que quinze mois plus tard le goujat allait partir comme un voleur, sans oser prévenir le président et le Premier ministre – ce qui est d'une incorrection totale. Il faut reconnaître que Hulot avait soudain pris conscience de sa faiblesse de caractère en affirmant : « Si je les avais prévenus, ils m'auraient retenu. » C'est ce qui restera : l'homme préféré des Français se comporte donc comme un pleutre et refuse de mouiller sa chemise alors qu'il y a tant à faire pour l'écologie.

Et comment ne pas parler du prétexte choisi pour claquer la porte, qui est encore plus débile que le départ lui-même ? La veille de sa démission en direct sur France Inter, Hulot avait assisté à une réunion de deux heures trente à l'Élysée, avec notamment le président de la République et une délégation de quatre personnes de la Fédération nationale des chasseurs, dont je faisais partie. Étaient aussi présents François Patriat, sénateur et monsieur chasse du président, Sébastien Lecornu, secrétaire d'État à la Biodiversité en charge de la réforme en cours sur la chasse, de la biodiversité et de la police de l'environnement, ainsi que les conseillers du président.

La réunion de tous les dangers

Contrairement à tous les mensonges proférés par Hulot après son départ, cette réunion était prévue de longue date, avec des membres clairement identifiés, y compris moi-même. Elle était la dernière d'une dizaine de réunions pilotées par Sébastien Lecornu dans son bureau, avec huit à dix personnes à chaque fois. Et il y avait toujours un ou deux membres du cabinet de Nicolas Hulot, car Sébastien Lecornu, en fin politique, voulait impliquer personnellement Hulot.

La dernière réunion d'arbitrage eut lieu le matin, le même jour que l'audience à l'Élysée, au ministère de l'Écologie, juste au-dessus du bureau de Hulot, en présence de trois de ses propres conseillers. Tout le monde était d'accord sur la réforme : conforter la police de l'environnement, renforcer les missions des fédérations de chasse. Seule la baisse du prix du permis national de chasse posait problème. La délégation des chasseurs était celle qui irait à l'Élysée l'après-midi et personne n'en faisait un fromage. Hulot a donc effrontément menti en disant qu'il avait découvert ma présence, moi, l'odieux lobbyiste qui n'avait rien à faire là.

D'ailleurs, à son arrivée à l'Élysée, il est venu saluer la délégation et nous nous sommes parlé, en nous tutoyant et en nous appelant par nos prénoms. Alors pourquoi un tel mensonge le lendemain dans les médias ?

Une fois installé à la table des négociations, le président de la FNC, Willy Schraen, était en face du président de la République, le ministre d'État à sa gauche, et moi, à la droite de Willy, soit exactement en face de Nicolas Hulot. Je voulais pouvoir « rentrer dans sa bulle » et sentir ses réactions sur toutes les facettes des réformes. Durant les deux heures trente qu'ont duré les négociations sur la chasse, la biodiversité et la police de l'environnement, ce qui m'a sidéré, ce fut la maîtrise totale du sujet par le président de la République, secondé par Sébastien Lecornu, qui avait été le remarquable démineur du dossier. Mais ce qui s'avéra alors surréaliste fut l'incompétence de Hulot, qui ne connaissait presque rien du sujet. Pourtant, c'était un sujet emblématique pour lui, car il allait au-delà de la chasse, touchant à la police de l'environnement et à la stratégie « biodiversité » de l'État.

Mon analyse très critique sur le soi-disant « homme préféré des Français » ne date pas d'hier, mais du jour où le gentil animateur TV a voulu devenir le gourou de l'écologie, dans une logique du « faites ce que je dis et ne regardez pas ce que je fais ». J'ai toujours aimé la cohérence dans la vie publique comme dans la vie privée, mais avec Hulot, c'est l'incohérence à tous les étages. Ce prétendu défenseur de l'écologie est d'abord un passionné des véhicules à moteur – voitures, bateaux et hélicoptères. Il a aussi été évoqué récemment, grâce à des prises de parole courageuses, qu'il n'aurait pas été franchement respectueux des femmes, qu'il aurait traitées de menteuses alors qu'elles osaient témoigner de son comportement après des années de silence. Depuis, la plainte pour viol sur mineur déposée contre lui a été classée sans suite. Mais la véritable passion de l'animateur, c'est lui-même et sa propre image. Il n'y a qu'à voir ses émissions pour comprendre qu'il fallait, devant la caméra, entre le téléspectateur et la nature, un Nicolas Hulot omniprésent, jouant à l'explorateur et au découvreur d'espaces sauvages.

Malgré tous ses travers, il faut reconnaître qu'il a fait s'émerveiller des millions de téléspectateurs avec « Ushuaïa ». Grâce à la longévité de son émission, il est rentré dans beaucoup de foyers français et a été perçu comme le mec sympa qui vous fait rêver sans quitter votre canapé. Mais cette émission est l'arbre qui cachait la forêt, car Hulot le mégalo a très vite imaginé qu'il ne pouvait pas se contenter d'être un animateur vedette, qui voyait pourtant le tapis rouge se dérouler à ses pieds avec la puissance de feu de TF1.

Monsieur Hulot a toujours rêvé de faire partie des puissants, car il les a énormément côtoyés. À force de parler à l'oreille des présidents de la République successifs, qui lui ont tous proposé des postes en or, il s'est dit qu'il était capable de franchir le Rubicon pour passer du rôle de conseiller à celui de ministre. À coups de signatures de chartes et de Grenelle de l'environnement, il s'est convaincu, avec sa bande de potes et courtisans, qu'il pouvait aller plus loin. Il a répété sans cesse qu'il fallait créer un poste de vice-Premier ministre en charge de la Transition écologique et énergétique et que ce dernier pourrait aussi agir sur le sort de la planète. Bref, il se voyait déjà en haut de l'affiche, son nom s'étalant en « dix fois plus gros que n'importe qui », oserait-on dire en empruntant à Aznavour. Pour cela, il a multiplié les grands-messes médiatiques dont il était le gentil organisateur et dont les politiques de tous bords étaient les cautions.

Depuis le début, il se voyait désigné comme le vice-Premier ministre. Il ne s'imaginait même plus simple ministre, et c'est pour cela qu'il a refusé les postes proposés jusqu'à l'intervention très convaincante d'Emmanuel Macron.

Comme d'habitude, les responsables politiques qui n'avaient pas intégré l'écologie dans leur logiciel personnel trouvaient génial de pouvoir sous-traiter l'écologie par un écologiste, ou à défaut par un animateur vedette d'une chaîne de télévision privée, connu comme le loup blanc.

Les présidents Chirac, Sarkozy, Hollande et Macron furent séduits par le personnage, sans regarder la vérité en face.

Monsieur Hulot voulait le pouvoir, mais déléguait ses responsabilités à ses amis des ONG, qu'il a rendus incontournables alors que souvent ils ne représentaient presque rien.

Pendant le Grenelle de l'environnement, il enfuma Jean-Louis Borloo en imposant comme partenaires représentatifs de l'écologie et de la biodiversité une série d'associations groupusculaires perdues au milieu d'associations représentatives. Il avait imposé sa bande qui devint le modèle unique dans la représentation du Grenelle. Et comme il n'avait pas un grand sens de la contradiction, il réussit à convaincre Nicolas Sarkozy qu'il fallait éviter d'y parler de la chasse et du nucléaire. Alors qu'il aurait été logique et cohérent que l'on parle de tous les sujets dans ces discussions, y compris et surtout de ceux qui fâchent, notre gentil Hulot botta en touche pour expliquer que les deux problématiques perturberaient les conclusions.

Le lien inattendu entre la chasse et le nucléaire

À l'heure où l'on constate les errements d'EDF, les retards pris dans les constructions des centrales et dans la maintenance, la perte de savoir-faire notamment dans la maîtrise des soudures, comment avoir pu refuser d'ouvrir un débat aussi stratégique en 2004 ? Nous aurions sans doute pu gagner dix-huit ans et être à même de lancer le nouveau programme de centrales avec plusieurs années d'avance.

Il a fallu attendre la fin du premier mandat d'Emmanuel Macron pour qu'enfin une décision courageuse soit prise pour garantir le développement d'une énergie nucléaire bas carbone indispensable pour notre économie et pour le pouvoir d'achat de nos concitoyens. Ce sur quoi Nicolas Sarkozy, Jean-Louis Borloo et Nicolas Hulot auraient dû s'engager en 2004 vient seulement d'être annoncé, à savoir le prolongement de la vie des centrales, la construction en deux phases de quatorze nouveaux réacteurs, la création de petits réacteurs modulaires et la renationalisation d'EDF.

Notre Hulot national n'aimant ni le nucléaire ni la chasse, il était donc urgent de ne pas en débattre et de mettre la poussière sous le tapis.

Faire l'impasse sur le nucléaire était déjà une faute grave à cette époque, mais il persista et signa pendant les dix-huit mois de son éphémère passage à l'Écologie. Tout juste céda-t-il sur le prolongement de la vie des centrales à la demande expresse et insistante du président de la République.

Côté chasse, Jean-Louis Borloo et surtout son redoutable directeur de cabinet, Jean-François Carenco, firent très vite le constat que la posture de Hulot consistant à refuser tout débat sur la chasse pendant le Grenelle était une imposture et une faute.

Résultat : une table ronde « chasse » fut organisée hors Grenelle pendant deux ans, avec un parlementaire patient et déterminé à sa tête en la personne de Jérôme Bignon, élu de la Somme et passionné par les politiques d'aménagement du territoire qui intègre la biodiversité.

Sur la chasse comme sur le nucléaire, nous avons à la demande insistante de Nicolas Hulot loupé le coche par manque de courage politique. Notre animateur vedette voulait démontrer son savoir-faire de négociateur, mais en fuyant les sujets clivants. Étrange comportement pour celui qui aspirait à devenir un homme politique responsable.

Lorsque Nicolas Hulot a démissionné de son poste ministériel, il a dénoncé la puissance des lobbies qui parlent à l'oreille des présidents et des ministres et qui ont un accès facile dans les lieux de pouvoir. Il cherchait entre autres à me viser, mais il a commis l'erreur du débutant en donnant mon nom et en m'offrant la possibilité de riposter, ce que je fis pendant une semaine non-stop, de six heures du matin à minuit.

Il avait juste oublié qu'avant d'être ministre – ce qui était très récent – il était d'abord et avant tout lobbyiste depuis des décennies, conseiller officieux des quatre derniers présidents de la République, notamment sous le couvert hypocrite de sa fondation.

J'ai donc pu polémiquer pendant toute la semaine en expliquant qu'il était un véritable lobbyiste qui ne disait pas son nom. De mon côté, c'était écrit sur mon front depuis vingt-cinq ans, et tout le monde a toujours su pour qui je travaille. La controverse a fortement enflé contre ce faux nez du lobbying et de nombreux journalistes m'ont invité à débattre sur la réalité du lobbying et sur la face cachée des visiteurs du soir de l'Élysée version Hulot.

Pour ma part, j'étais déterminé à taper fort sur cet hypocrite qui quittait le gouvernement comme un lâche et ternissait l'image du président de la République, en dénonçant la présence des lobbies au cœur de l'Élysée. C'était l'hôpital qui se foutait de la charité.

Il est pourtant tout à fait normal qu'à l'Élysée, à Matignon et chez tous les ministres, les organisations qui représentent des intérêts économiques, syndicaux ou autres, soient reçues avant l'élaboration des réformes. C'est non seulement cohérent mais même indispensable dans une bonne démocratie que d'écouter des sons de cloche différents avant de rédiger un projet de loi.

C'était d'ailleurs la démarche adoptée par Hulot et Lecornu en vue de la réforme qui concernait la chasse, la biodiversité et la police de l'environnement. Ils avaient reçu tous ceux qui étaient concernés par cette réforme, y compris les syndicats et les ONG de protection de la nature.

Sa dénonciation des lobbies avait un côté malsain et pervers assez caractéristique de ceux qui n'ont plus d'arguments à opposer pour cacher leur mauvaise foi. Il a fui ses responsabilités à un moment où les enjeux environnementaux n'ont jamais été aussi essentiels, et pour masquer cela, il a tenté de détourner l'attention contre le président qui l'avait fait ministre.

Si je dois plaider coupable, c'est seulement d'avoir honteusement profité de cette polémique qui arrivait juste après l'affaire Benalla. Il m'a offert une incroyable tribune à la fois pour me faire connaître auprès du grand public et pour me faire identifier à l'étranger. Il faut dire que cette crise gouvernementale a été très suivie par les médias de toute l'Europe, en raison de la forte personnalité du président de la République.

Fort de ce constat, j'ai croisé Nicolas Hulot quelques mois plus tard en grande conversation avec son âme damnée Matthieu Orphelin au Café de l'Esplanade, brasserie très chic en face des Invalides, qui est aussi mon QG depuis vingt ans. Je n'ai pas résisté au plaisir un peu provocateur de le remercier pour son incroyable promotion qui a fait gonfler mon chiffre d'affaires et accru ma notoriété. Hélas, son manque d'éducation et surtout d'humour le fit refuser de me serrer la main et de me parler, comme si j'étais le responsable de son départ. Tout le personnel du restaurant était aux anges, en assistant à ce spectacle désolant de l'arroseur arrosé.

C'est arrivé une autre fois alors que je prenais un café avec Marion Maréchal et que nous avions passé un bon moment à parler du monde rural et de son institut de formation.

Il refusa de me serrer la main alors que nous étions trois ans jour pour jour après son départ, comme si sa blessure d'amour-propre n'était pas refermée.

La préférée de Jacques Chirac

Dans les couloirs de l'Assemblée nationale, ce mardi de février 2005, j'accompagne des patrons de PME du solaire à une audition de la commission du développement durable, dont l'objet est une énième réforme de simplification des procédures – qui ne va sans doute jamais aboutir, car on n'aime pas faciliter la vie des entrepreneurs dans ce pays. Non loin de la salle des Quatre Colonnes, où se retrouvent les députés et les journalistes, j'aperçois Nathalie Kosciusko-Morizet qui arrive à grands pas. Députée de l'Essonne et polytechnicienne, elle est toujours à la pointe de la mode et de l'élégance. Ce jour-là, elle porte des bottes en cuir marron, à talons très hauts et très fins qui la rendent visible de très loin. Elle connaît très bien mes clients et elle vient les saluer avec un enthousiasme totalement hypocrite. Son sourire narquois en dit long sur son estime de soi. Elle serre la main des chefs d'entreprise en s'inquiétant du motif de leur visite au Parlement. Soudain, elle comprend que je suis avec eux ; elle va devoir me serrer la main, en dernier.

Sans la moindre gêne, elle retire alors sa main et fait comme si je n'existais pas. En face d'elle, je me tiens à moins d'un mètre, dans un couloir suffisamment étroit pour que l'on doive s'effacer pour se croiser. Or, pour elle, je suis complètement invisible. Mais elle m'a bien remarqué, comme en témoigne le raidissement de son attitude et de son visage. Elle tourne bientôt les talons et disparaît en souhaitant une bonne audition à mes clients.

Que s'est-il passé ? Ce n'est pas la première fois que NKM refuse de me serrer la main. Quand nous nous croisons, ici ou là, elle me donne l'impression d'avoir vu le diable !

Entre 2002 et 2007 – date de sa nomination comme secrétaire d'État à l'Écologie –, Nathalie Kosciusko-Morizet m'a voué une haine farouche qui se percevait physiquement. À l'époque, cela me faisait beaucoup rire, mais mes amis et mes clients, présents lors des rencontres, se sentaient parfois mal à l'aise face à une attitude aussi fermée de la part d'une parlementaire. Aujourd'hui, avec du recul, je juge toujours son comportement excessif, signifiant un aveu de faiblesse, mais qui pouvait être justifié si on tenait compte du contexte, car je n'étais pas un petit saint. L'explication de notre profond différend était de nature très politique, à savoir deux visions opposées de la façon de faire de l'écologie une priorité politique de la droite. Avant chaque remaniement ministériel, je faisais une campagne acharnée dans les réseaux politiques et dans les entourages du président et du Premier ministre pour qu'elle ne soit pas nommée secrétaire d'État à l'Écologie. Je lui taillais des croupières avec conviction en la décrivant comme une écologiste « dite de droite » qui voulait mettre en place le programme des Verts au gouvernement. Comme elle était très ambitieuse et particulièrement méprisante vis-à-vis de ses collègues parlementaires, mon discours arrivait dans un environnement favorable. Néanmoins, j'avais conscience de nager à contre-courant, en agitant tous mes réseaux, parce qu'elle bénéficiait d'une confiance surprenante de la part du président de la République Jacques Chirac et d'un soutien heureusement très relatif du Premier ministre Jean-Pierre Raffarin.

Mais je déployais ma technique la plus brutale – et qui provoqua sa colère – à chaque fois juste après l'annonce de la composition du gouvernement sur le perron de l'Élysée. Dans les minutes qui suivaient, je faisais courir la rumeur que son éviction était due à la mobilisation du lobby des chasseurs qui avait eu sa tête.

Pour justifier cela, je répétais sans cesse qu'il n'y avait aucune différence entre sa vision de l'écologie et celle des Verts les plus à gauche. Bien sûr, j'ajoutais que sa nomination aurait été perçue comme une provocation pour les ruraux et notamment pour les agriculteurs et les chasseurs. L'argument a porté quatre fois : sous les trois gouvernements dirigés par Jean-Pierre Raffarin et une fois avec un autre Premier ministre, Dominique de Villepin. Fort de ce résultat, j'avais donc l'intime conviction que mon analyse sur la posture très à gauche de NKM sur l'écologie était bien réelle. Tout son entourage, que je connaissais bien, me considérait comme un « anti-écolo primaire » et dénonçait ma proximité évidente avec le Premier ministre, Jean-Pierre Raffarin. Il faut reconnaître que c'était vrai, car je l'avais conseillé durant des années comme président de la région Poitou-Charentes. Il avait tendance à penser que j'étais un peu trop « non conformiste », avec mes vestes de couleur criarde et mes cravates à l'effigie de personnages de dessins animés, lorsque je venais le voir dans l'hémicycle de la région à Poitiers.

Toutefois, il appréciait mes conseils, qu'il jugeait pertinents. Il avait découvert que mon sens de la provocation était surtout vestimentaire et que dans les stratégies à conduire j'étais d'abord un homme de compromis qui passait beaucoup de temps avec les opposants et les partenaires avant d'émettre des recommandations.

Malgré ma détermination à freiner l'influence de NKM, elle devint incontournable sur l'écologie grâce à la protection du président de la République.

Quand le député dont elle était la suppléante fut nommé ministre à la demande de Jacques Chirac, elle rentra à l'Assemblée nationale par la grande porte. Je reste toujours convaincu que ce joli coup de pouce du destin a été orchestré dans son seul intérêt.

Toutefois, la protection présidentielle ne s'arrêta pas là, car en 2003 elle fut désignée comme rapporteure de la Charte de l'environnement qui allait aboutir à une inscription de cette charte dans le préambule de la Constitution en 2005.

À cette période, c'était déjà Nicolas Hulot, très proche de la fille du président, Claude, qui avait mis dans la tête de Jacques Chirac qu'il fallait une Charte de l'environnement pour encadrer de façon beaucoup plus stricte le droit. L'écologie punitive était déjà la culture de l'animateur de TF1, et sa proximité avec Claude Chirac faisait des étincelles avec les dirigeants pragmatiques de la droite. On paie aujourd'hui encore la lourdeur du principe de précaution qui sert maintenant aux ONG pour attaquer de nombreux projets de développement et qui donne les moyens au Conseil d'État pour bloquer les initiatives gouvernementales et celles d'entreprises privées.

Néanmoins, c'est l'élection de Nicolas Sarkozy qui offrit à NKM ses deux postes de secrétaire d'État puis de ministre. Pour tenter de réduire l'influence de ceux qui, comme NKM, rêvaient de faire un copier-coller du programme des écologistes pour le programme de la droite, j'ai pris mon bâton de pèlerin durant toute la campagne présidentielle de 2007. J'ai répété comme un disque rayé à tous les journalistes et influenceurs la même rengaine.

En résumé, les ruraux se sentaient oubliés parce que les politiques prioritaires étaient celles de la ville et de la banlieue depuis 1997. J'insistais sur le fait qu'il fallait se méfier des élus de droite comme NKM qui prônaient une écologie de gauche, très urbaine, pour la droite républicaine. Il y avait pourtant des personnalités qui répondaient aux critères sans envie de leur part d'imiter bêtement les écologistes. Je veux parler en particulier de Jacques Pélissard, qui cochait toutes les cases à droite car il avait une vraie fibre environnementale et un parcours sans faute sur le sujet. Député maire de Lons-le-Saunier, dans ce beau département du Jura où je suis né, il était secrétaire national à l'environnement du parti, membre du Cercle national de l'eau et spécialiste de la gestion des déchets dans son département, avec une expérimentation originale à l'échelle du Jura. Il était aussi tellement reconnu pour sa légitimité qu'il a été président de l'Association des maires de France (AMF) pendant dix ans de 2004 à 2014. Il avait donc le pragmatisme et le savoir-faire pour conduire la droite à imaginer une véritable politique environnementale, sans la moindre sous-traitance avec l'idéologie verte.

Il a d'ailleurs été un excellent formateur, car l'actuel maire de Cannes était son directeur de cabinet à la fin des années 1990. David Lisnard a depuis pris une autonomie bien méritée et il a même remplacé François Baroin à la présidence de l'AMF, réussissant un beau parcours au mérite.

Mais Jacques Pélissard n'étant ni un intrigant ni un manipulateur, il fut oublié. Et Nicolas Sarkozy n'avait la passion ni de la ruralité ni de l'écologie, même de droite. Malgré tout, j'étais quand même écouté par une de ses têtes pensantes, Emmanuelle Mignon. Cette jeune femme d'apparence frêle était une sportive de haut vol, montagnarde aguerrie et passionnée d'escalade. La plupart des politiques voyaient en elle la major de l'ENA, remarquable dans son parcours de technocrate émérite. Ils oubliaient qu'elle respirait le dynamisme, et elle s'affirma très vite comme une stratège hors pair et surtout non conventionnelle.

Pendant cette campagne électorale de 2007, elle avait compris avant les autres qu'il fallait partir à la conquête des électeurs du Front national, y compris dans le monde rural, qui s'offrait comme un réservoir de voix des déçus de la politique. Dans une vision très réductrice de la réalité du monde rural, mais rentable en campagne électorale, Emmanuelle Mignon avait bien senti qu'il fallait d'abord séduire deux électorats ruraux très organisés, à savoir celui des agriculteurs et celui des chasseurs. Elle le fit avec intelligence en s'opposant à NKM. La protégée de Jacques Chirac voulait au contraire que l'on séduise les urbains, qu'elle réduisait à l'électorat « bobo écolo » dont elle était imprégnée. Ce manque de vision de l'intérêt général agaçait Emmanuelle Mignon.

Après l'élection, lorsque NKM devint secrétaire d'État avec Jean-Louis Borloo comme ministre de tutelle, celle-ci changea radicalement d'attitude à mon égard, souriante, avenante et presque tactile, alors que ç'avait été l'hiver polaire entre nous durant des années. Elle avait compris que je pouvais être un bon démineur de dossiers environnementaux sensibles. J'étais étonné de sa conversion, mais elle savait que le ministre et surtout son directeur de cabinet, Jean-François Carenco, me faisaient tous les deux confiance. J'ai toujours compris qu'elle avait une culture hypertrophiée du rapport de forces, tout en cherchant à faire croire le contraire. Mais elle savait aussi pertinemment évaluer le degré de méfiance de ses supérieurs à son égard, car elle n'était plus la protégée du président de la République en exercice.

Elle alla même plus loin en essayant de flatter mon ego. Sur les conseils de son ami Jean d'Haussonville, elle me fit attribuer l'ordre national du Mérite. J'avais déjà prévenu mes amis qui voulaient que je sois distingué de la Légion d'honneur que non seulement je ne méritais strictement rien, mais que je dénoncerais cette distribution galvaudée des médailles de la République. Issu d'une famille de militaires, j'ai trop de respect pour ceux qui méritent vraiment les honneurs de la République, parce qu'ils ont fait quelque chose d'exceptionnel pour la nation ou parce qu'ils ont mis leur vie en danger pour autrui. Deux fois par an, je suis effaré de découvrir le nombre de personnes indignes de la Légion d'honneur et de l'ordre national du Mérite et qui apparaissent dans la liste des nominés. Cette injustice à l'égard des vrais méritants me révolte.

Grâce à cet épisode, j'ai découvert combien NKM pouvait changer. Car, durant ses ministères, elle soutint le monde de la chasse, au point d'aller plus loin que mes préconisations. Elle en a payé le prix avec quelques critiques saignantes du mouvement écologiste.

8.
Quand les médias s'emmêlent

Paris. Le matin est gris. Une bruine tombe sur la ville. Les trottoirs sont glissants. Mon pas n'est pas encore bien assuré. Le manque de sommeil. Il fait encore nuit quand je sors de l'immeuble où je réside lors de mes séjours parisiens. Un halo entoure les lampadaires. La lumière est faible, la circulation encore réduite. En arrivant dans le hall de BFM, je me plie aux obligations de sécurité, comme chaque matin, depuis les attentats. Avec le garde, nous échangeons un mot sur le match de la veille. Il tient pour le PSG. Moi, j'aime bien Marseille. Et j'ai une pointe d'admiration pour les petits clubs qui jouent leur peau en première division : les Auxerre, les Guingamp, où l'argent ne coule pas autant qu'ailleurs.

Ceux qui roulent au diesel et qui fument des clopes

Je pose mes affaires sur une chaise à la rédaction. Le grand *open space* est presque vide. J'en profite pour faire une rapide revue de presse. Soudain, la panique ! Je dois être en plateau dans deux minutes. Personne ne m'a rappelé à l'ordre. Je remonte les couloirs en courant, m'engouffre dans l'ascenseur. Et je pousse enfin la porte du studio. En pleine lumière, la reine de la radio et de la télé matinale : Apolline de Malherbe. Elle me regarde, amusée par ma panique. Je suis à peine posé sur ma chaise, encore un peu en déséquilibre, lorsqu'elle me lance sa première question :

— Alors Thierry, ce matin le monde rural est en ébullition avec la hausse du prix du diesel ?

— Oui Apolline. Et ce n'est ni la première ni la dernière fois…

Mais ce matin-là sur RMC, ma chronique fait mouche. Je veux me payer l'auteur d'une phrase qui montre le mépris des élites pour le monde rural. Le 28 octobre 2018, dans *Le Journal du dimanche*, le porte-parole du gouvernement, Benjamin Griveaux, a osé dire en parlant de Laurent Wauquiez que « c'est le candidat des gens qui fument des clopes et qui roulent au diesel » et affirmer que « ce n'est pas la France du XXIe siècle que nous voulons ». Comment mieux exprimer le dédain qu'une fraction du macronisme éprouve pour la France des campagnes et des villages ?

Les ruraux, ce sont eux qui ont été les fers de lance des premiers Gilets jaunes. Des gens qui ne rechignent pas à la peine et qui ne s'en sortent plus malgré leur débrouillardise et leur bon sens. Ce sont tous ces paysans, artisans, commerçants, retraités et autres qui ne croient plus en la politique et qui votent inéluctablement pour les extrêmes de droite comme de gauche par dégoût ou par dépit à chaque élection. Pourtant, ils ne veulent ni la révolution bolchevique ni le fascisme. Ils veulent juste que l'on respecte leur mode de vie, leur lieu de vie, loin des interdits, des taxes et des limitations de tout poil. Ils veulent que l'on respecte leur liberté, leur dignité, et pour cela, il faut juste qu'ils gagnent décemment leur vie avec un salaire correct. Ils peuvent supporter les incertitudes de l'emploi parce qu'ils n'ont jamais travaillé dans de grands groupes. Ils ne connaissent ni l'assistanat ni les conventions collectives qui offrent des garanties. Ce ne sont pas des assistés, mais lorsque des donneurs de leçons parlent, comme les technocrates en général et les écologistes en particulier, ils ne supportent plus rien et deviennent légitimement intolérants.

Les « y'a qu'à, faut qu'on » donnent des boutons et des allergies à ces ruraux qui demandent que les transitions soient accompagnées et que leurs contraintes spécifiques soient reconnues.

L'acharnement à dénoncer les gens qui roulent au diesel, qui doivent avoir deux, voire trois voitures plutôt qu'un vélo ou une carte de transport en commun, et qui veulent rouler à quatre-vingt-dix kilomètres par heure plutôt qu'à quatre-vingts, renforce ce sentiment d'injustice sociale. C'est ce que n'avait absolument pas compris le Premier ministre de l'époque, Édouard Philippe, lorsqu'il a décidé des quatre-vingts kilomètres par heure et des taxes sur les carburants. Ces ruraux se sont sentis alors considérés comme des citoyens de seconde zone.

Les mots de Benjamin Griveaux illustrent à ce moment là la rupture du président Macron avec la France d'en bas. Or, on ne peut pas gouverner la France contre elle-même. Plus tard, le même Griveaux, pris dans le scandale d'une vidéo sexuelle, devra quitter la politique. Mais les dégâts occasionnés par sa sortie n'ont toujours pas été réparés. La République en marche semble déserter ces espaces où Les Républicains et le Rassemblement national cherchent désormais à régner en maîtres.

Toujours à l'affût

Le 20 février 2022, je suis dans les studios de France Info. Un drame s'est déroulé le samedi précédent. Une jeune randonneuse de 25 ans a été victime d'une balle perdue, à Cassaniouze, dans le Cantal. Les gendarmes ont identifié une jeune chasseuse de 17 ans, suspectée d'être l'auteure du coup de feu.

Alors que l'enquête se déroule encore, on me demande d'intervenir, au nom de la Fédération nationale des chasseurs. Chaque drame, chaque accident, est l'occasion de mettre en cause une activité que pratiquent un million de personnes. Les interviews tournent souvent à la mise en accusation, et je dois assumer le rôle du « méchant chasseur ». Comme si la mort d'une jeune femme m'était indifférente. Comme si mon seul but était de permettre à des fous ou à des inconscients de tirer sur tout ce qui bouge dans nos campagnes…

Cet événement, comme les huit autres en moyenne qui se déroulent chaque année, est le résultat d'un incroyable et fatal engrenage. Et aussitôt, l'on parle d'interdire la chasse aux moins de 18 ans. Or, l'âge n'est pas en cause, ou du moins pas ainsi. Les plus jeunes sont ceux qui font le moins d'erreurs et qui ont occasionné le moins d'accidents de chasse. Ils ont dû passer par une formation plus solide que leurs aînés et un examen pour accéder à la pratique.

D'autres fois, l'on parle d'interdire la chasse le week-end, ou juste le dimanche, pour éviter que les promeneurs puissent être victimes d'accidents. Or, les chasseurs ne sont pas des inactifs. Ils travaillent aussi, et la chasse est un loisir collectif où l'on se retrouve en fin de semaine, justement.

Aucune solution ne va de soi, et les donneurs de leçons ignorent souvent la réalité sociale et technique de la chasse. Tout d'abord, l'utilisation des armes. Elle est l'objet de fantasmes, sur leur accès, leur détention et leur usage. Comme secrétaire général du Comité Guillaume Tell, qui défend les cinq millions d'utilisateurs légaux d'armes à feu, je monte très souvent au créneau dans les médias, avec Yves Gollety, président de la chambre syndicale des armuriers, pour expliquer la réalité de l'accès aux armes, insister sur la différence fondamentale avec les États-Unis et le lobby NRA.

Les faits parlent d'eux-mêmes. En France, le marché est contrôlé et limité, et le lobby des armes que je représente ne demande aucune libéralisation, aucun port d'armes généralisé pour les citoyens, et plaide pour la connexion des bases de données et le maintien du fichier des personnes interdites de détention d'armes. Notre seule demande forte est que l'État ne se trompe pas de cible et focalise ses moyens sur les criminels, les trafiquants et les délinquants. À l'inverse, nous plaidons pour que l'on foute la paix aux honnêtes détenteurs légaux d'armes à feu, qu'ils soient chasseurs, tireurs sportifs, amateurs de ball-trap ou collectionneurs, dès lors qu'ils respectent scrupuleusement la réglementation. À force de pédagogie et d'informations fiables, nous avons gagné cette bataille médiatique, faisant enfin reconnaître que nous disposons de la réglementation la plus stricte d'Europe en matière d'armes à feu.

Les polémiques dans les médias sont toujours réductrices, et il faut avoir de l'expérience pour passer entre les gouttes des caricatures entretenues par les réseaux sociaux et parfois par les chaînes d'information en continu qui veulent aller plus vite dans le traitement médiatique.

Lorsque vous voulez déstabiliser un groupe ou une personnalité, une bonne polémique vaut souvent mieux qu'une série de négociations longues et coûteuses. Vous fragilisez votre adversaire avant qu'il arrive à la table des négociations. C'est ce que font fréquemment les syndicats en France avec les menaces de manifestation, les manifestations concrètes, les blocages de sites et autres moyens de pression. La prise en otage des clients et des usagers, comme cela se passe de façon scandaleuse à la SNCF ou dans le transport aérien juste avant les vacances, n'est autre qu'un usage de la controverse pour influencer la direction ou le gouvernement, qui seront considérés comme responsables des désagréments.

On voit bien que l'art de la polémique et de la pression est maîtrisé par le patronat comme par les syndicats et que généralement ce sont les citoyens qui en sont les victimes collatérales. Dans d'autres pays, la culture du compromis et les procédures d'alerte font que les usagers ne payent pas les pots cassés, car les solutions sont trouvées avant.

On peut espérer que cette culture arrive enfin dans notre pays, où tout est encore trop clivé, envisagé de façon manichéenne. Peut-être que la majorité relative à l'Assemblée nationale va conduire à instaurer cette méthode du compromis.

Sur les sujets de société comme l'écologie, la ruralité, la chasse ou la sécurité, la démagogie et le raccourci sont des armes souvent efficaces à court terme, surtout si on se revêt du manteau de lanceur d'alerte, plutôt que de celui de gestionnaire dans la durée. En somme, il est plus difficile de trouver des solutions que de dénoncer.

9.
L'engagement rural de proximité

Lorsque nous nous sommes installés dans le Haut-Var en 2006, mon épouse, Patricia, a très vite été démarchée, comme moi-même, pour savoir si nous étions intéressés pour participer à la campagne électorale de notre nouveau village d'adoption, Tourtour, un des cent soixante plus beaux villages de France. Nous étions installés depuis moins de deux ans, mais ma réputation de conseiller des présidents et de défenseur de chasseurs était déjà établie. J'ai immédiatement décliné, car je n'ai jamais été intéressé par un mandat d'élu. Je dois avouer que je n'ai jamais rêvé d'être calife à la place du calife, et c'est pourquoi j'ai toujours très bien vécu le fait d'être le conseiller plutôt que l'élu.

Ce qu'un maire peut faire

C'est ma femme qui a trouvé que l'idée pourrait être intéressante, car elle avait de vrais talents de gestionnaire, comme directrice financière de nos deux sociétés. Elle avait envie de s'investir dans la politique locale. Cela lui paraissait un défi utile dans une commune touristique à taille humaine – six cents habitants l'hiver et plus de trois mille l'été. Ayant l'expérience des campagnes électorales de la plus petite commune à la présidentielle, j'ai décidé de mettre mes compétences au service de cette jeune équipe déterminée et dynamique, qui voulait rendre le village encore plus beau et plus accueillant. Pour cela, il fallait gagner, et c'est ce qui fut fait avec bonne foi et dans une vision positive, alors que l'équipe adverse était agressive et menaçante. Comme je l'ai déjà dit, il est parfois facile de diaboliser l'autre…

Patricia, qui était seconde sur la liste – en raison de mon savoir-faire dans le placement des candidats –, devient alors naturellement première adjointe, en charge des finances et du personnel. Très vite, la culture et les animations vinrent se rajouter à ses missions en raison de son bon sens. Pendant un mandat, j'ai donc été baigné au jour le jour dans la gestion et dans les turpitudes d'une petite commune rurale, surendettée par l'équipe précédente, qui avait embauché comme si la mairie devait être l'employeur numéro un du village. Pour la bonne gestion d'une commune comme Tourtour, il aurait fallu avoir trois ou quatre employés communaux. Or, la nouvelle équipe municipale hérita de vingt salariés. Cela conduisait inéluctablement à ce que les trois quarts du budget communal soient affectés aux dépenses de personnel. Adieu les investissements et bonjour le fonctionnement pour une commune que la préfecture du Var envisageait de mettre sous tutelle financière en raison de son endettement et de sa gestion catastrophique.

Moi qui n'avais jamais été si profondément impliqué dans la vie d'une commune, je découvrais l'incroyable investissement humain nécessaire pour des élus locaux afin de dynamiser le village, sans avoir de moyens financiers. Je savais cela, mais j'ai vu ma femme ne plus pouvoir travailler à mes côtés comme associée dans mon cabinet de lobbying parce que l'engagement comme première adjointe devenait un plein-temps du matin tôt au soir tard, sept jours par semaine.

J'étais tellement admiratif de ce travail de bénédictin que je me suis toujours présenté pendant cinq ans dans la commune comme le « mari de madame Coste », sans autres détails. Mais quel bonheur de voir le village retrouver des couleurs, avoir des animations et une bonne humeur communicative grâce à des femmes et à des hommes qui ne comptent ni leur temps ni leur engagement au service des autres. C'est la force de notre tissu associatif et de nos cinq cent mille élus locaux, qui sont des bénévoles qui mettent leur cœur et leur passion au service de nos campagnes, pour que l'on aime y vivre et y travailler, même sans avoir tous les avantages de la ville.

J'ai été admiratif de l'engagement total et enthousiaste de Patricia, ma femme, mais aussi d'Olivier Revelli et de Marc Lavergne, tous adjoints dévoués autour du maire, Pierre Jugy, défenseur acharné d'une ruralité heureuse. J'ai conscience que ce constat est très souvent le même dans les trente-cinq mille communes de France, et je l'ai touché du doigt au quotidien. Cette démocratie locale est respectable mais hélas trop souvent méprisée par une technocratie qui croit tout savoir et qui préfère contrôler et sanctionner plutôt que d'accompagner. Il y a peu, sous l'impulsion du président de la République, le gouvernement a décidé d'instaurer un droit à l'erreur pour les collectivités territoriales et les entrepreneurs, et c'est une très bonne chose pour ceux qui agissent pour le bonheur des autres mais qui peuvent commettre des maladresses. Il n'y a que ceux qui ne font rien qui ne prennent aucun risque. Je trouve logique que l'on soutienne et que l'on accompagne les femmes et les hommes courageux et entreprenants plutôt que d'encourager un laxisme très franchouillard.

Bien sûr, je n'idéalise pas la vie rurale, car, là comme ailleurs, la jalousie, la méchanceté et la recherche du profit peuvent parfois pourrir la vie des gens. Le meilleur exemple est encore l'expérience qu'a vécue mon épouse, qui a pendant cinq ans été une formidable gestionnaire des deniers communaux au point de redresser les finances en un mandat. Cela l'a souvent conduite à être celle qui disait non lorsque les dépenses n'étaient pas justifiées, même si le maire avait une fâcheuse tendance naturelle à dire oui pour ne pas déplaire. Malgré son engagement quotidien exceptionnel et une gestion exemplaire, elle fut la seule à être rayée de la liste lors de la nouvelle élection, alors qu'elle assumait une comptabilité saine et transparente. Elle fut la seule à ne pas avoir été reconduite, juste parce qu'elle était sincère, honnête et enthousiaste. Elle a été choquée par tant d'injustice, mais parce que c'est une belle personne, elle n'en a pas été aigrie. Comme dans beaucoup de villages de France, c'est Clochemerle qui gagne parfois. En l'occurrence, le maire sortant ne voulait pas de vagues, et un carrier voulait écarter tous ceux qui pouvaient nuire à son juteux business, d'un respect très relatif pour l'environnement.

Pour ma part, j'en fus heureux, car j'eus la grande chance de retrouver mon associée !

J'ai conscience que le monde rural doit faire face à des contraintes énormes qui nécessitent des règles spécifiques devant être adaptées aux territoires et aux pratiques. Pourtant, on prône encore trop souvent l'harmonisation et l'égalitarisme. C'est au contraire la différentiation qui doit être la nouvelle norme, et c'est l'objet des nouveaux textes votés dernièrement au Parlement à la demande du président de la République. Des grandes étendues agricoles de la Picardie aux hameaux perchés des Alpes-de-Haute-Provence en passant par le bocage normand, le monde rural est un espace si protéiforme qu'il faut tenir compte de la réalité locale et adapter les règles y compris sur les plans sanitaire et urbanistique. Cela ne veut pas dire qu'il faut faire n'importe quoi, mais les lourdeurs administratives et réglementaires tuent à petit feu le dynamisme de celles et ceux qui veulent entreprendre. Qu'ils soient dans le monde associatif ou dans les entreprises, le commerce ou l'artisanat, ou dans les collectivités territoriales, ils ont besoin de respirer et d'être accompagnés dans leurs prises de risque, et non d'être fliqués en permanence et considérés par principe comme voulant contourner la loi et les règlements.

J'ai d'ailleurs toujours plaidé pour que l'on vote un véritable moratoire afin de mettre un terme aux nombreux contentieux qui entravent le développement de certains territoires ruraux, mettant en cause des entrepreneurs courageux qui n'ont certes pas toujours respecté toutes les règles administratives ou d'urbanisme. Il faut avoir le cran politique de dire « stop ! » et d'assumer cette remise à plat des contentieux, car dans beaucoup de cas cela n'a jamais nui à l'environnement dans les lieux concernés. Les procédures françaises sont tellement compliquées qu'il va bientôt être impossible de redynamiser nos territoires ruraux, notamment dans le cadre de loi montagne, loi littoral ou sur une zone Natura 2000. Ni les élus locaux ni les entrepreneurs ne vont avoir envie de prendre des risques parce qu'une association locale d'« anti-tout », écologiste de surcroît, viendra attaquer chaque point de leur projet devant les tribunaux administratifs ou judiciaires.

Pour retrouver cette vitalité dans nos campagnes sans nuire à la qualité de la vie, il faut un moratoire national afin de mettre en pause les contentieux et certaines procédures judiciaires liés à l'urbanisme. L'objectif serait alors de se lancer dans une analyse de chaque dossier au cas par cas, avec bon sens et pragmatisme, pour redonner goût aux entrepreneurs en milieu rural.

Des préfets de la République

Les enjeux sont considérables, et les femmes et les hommes courageux jusqu'à prendre des risques sur leurs deniers personnels ne sont pas légion. Pour moi, l'administration doit être là pour accompagner et non juste pour sanctionner. Ça doit être mon côté utopiste, car j'ai eu récemment à mon actif quelques très mauvaises expériences concernant le manque de courage de certains préfets, dans le domaine économique, y compris lorsqu'ils étaient préfets de région.

J'ai entendu il y a deux ans un préfet de région qui, les yeux dans les yeux, m'a affirmé en tête à tête qu'il n'était en aucun cas là pour faciliter l'économie régionale. Sa seule mission au-delà de l'ordre et de la sécurité publique consistait pour lui à être le gardien de la Constitution. Bref, du grand n'importe quoi qui m'a laissé les bras ballants. J'ai poliment quitté son bureau en me disant qu'il devrait quitter ce job au plus vite. Comment, dans une région où les enjeux économiques, notamment ruraux, sont essentiels, un représentant de l'État peut-il nuire autant à l'image de l'État et à la fonction même de préfet, qui en est son représentant officiel ?

Ma pensée a été prémonitoire, car son départ a eu lieu plus vite que prévu… Il était vraiment à côté de la plaque… Dès lors, dans la même région, qui est la Corse, j'ai enfin pu bénéficier d'une écoute bienveillante de la part de son successeur, qui venait tout juste d'arriver. Je lui parlais des enjeux économiques, et c'est avec bonheur que j'ai découvert son intérêt pour ce sujet. Il était l'exact opposé de celui avec qui j'avais traité auparavant et que l'État avait, bien heureusement, mis depuis sur une voie de garage.

Profitant de cette nouvelle situation, j'ai proposé au préfet de passer à l'acte sous quinze jours sur les dossiers précis et avec des entrepreneurs connus. Je voulais simplement qu'il ouvre sa porte, écoute et croise ses sources, car sa propre administration manquait sans doute d'objectivité. À mon grand étonnement, j'ai eu droit à une fin de non-recevoir. Avec courtoisie, ce préfet que je connaissais pourtant bien m'a gentiment fait comprendre qu'il était urgent d'attendre malgré l'intérêt des dossiers.

Bien sûr, il a été obligé de reconnaître que les personnes dont je lui parlais étaient des chefs d'entreprise dynamiques, respectés, voir admirés dans la région et bien au-delà. Mais, pour lui, le fait qu'ils aient des contentieux administratifs ou judiciaires était rédhibitoire et allait l'empêcher de regarder les autres projets de développement tant que le reste n'était pas soldé. Ces précautions nuisent à nos territoires. L'administration doit trouver un mode de fonctionnement plus favorable à la création de richesse locale.

Évidemment, mes amis entrepreneurs ne demandaient aucun passe-droit sur les contentieux en cours mais voulaient seulement avoir un échange concret. Ils souhaitaient parler de leurs ambitions pour demain, des investissements sur leurs fonds propres. Ils étaient demandeurs d'accompagnement pour éviter tout dérapage sur des projets nouveaux qui pouvaient créer des centaines d'emplois dans une région qui en manque cruellement.

Je dois vous avouer que j'ai déjà beaucoup de mal avec l'absence de courage en politique – faut-il rappeler que l'on n'oblige personne à se lancer dans cette carrière ? –, mais je comprends encore moins l'absence de volonté de certains représentants de l'État, qui ont peur de leur ombre.

J'ai sans doute été très mal accoutumé à cause… de belles rencontres. J'ai eu en effet cette grande chance de croiser un certain nombre de préfets de département et de région avec une forte personnalité et qui ont su prendre des risques au nom de l'intérêt général. Ces représentants de l'État plutôt hors norme avaient aussi comme qualité de ne jamais refuser le dialogue et d'avoir leur porte ouverte. Certains sont très vite devenus directeurs de cabinet de ministres, voire ministres eux-mêmes. Cela confirme que le risque ne tue pas toujours mais rend plus forts ceux qui savent les prendre.

Des préfets de région comme Michel Cadot et Jean-François Carenco, aux parcours prestigieux, m'ont franchement bluffé par leur force de travail, leur capacité à entraîner leurs équipes et à rester humains et accessibles. Il en est de même pour Franck Robine, préfet de la région que j'affectionne le plus, la Bourgogne-Franche-Comté, qui avait déjà réussi à être apprécié en Corse, et de Hugues Moutouh comme préfet de département. Ils sont toujours en poste et chacun des préfets de France devrait s'inspirer de leurs méthodes et de leur savoir-être qui vous réconcilient avec la République.

Un monde associatif incontournable

Pour rester connecté avec la réalité de la campagne, j'ai cette chance d'avoir élargi mon spectre des acteurs de la ruralité depuis longtemps. Je suis devenu le lobbyiste de fédérations de sports et loisirs de nature, dont la majorité des activités se déroulent à la campagne. J'aime le monde associatif, car il est le tissu humain indispensable et incontournable pour maintenir une vie rurale de qualité qui fait que les jeunes comme les personnes plus âgées peuvent rester dans nos territoires ruraux. Souvent le monde associatif et ses bénévoles sont l'âme de la commune et les gardiens de la transmission de toutes sortes de passions. Pour ma part, je suis surtout impliqué dans la défense des intérêts économiques, sportifs et associatifs d'activités des sports et loisirs de nature, comme la chasse, la pêche de loisir, l'équitation, le golf, la plaisance et les pêches en mer, le VTT, la pétanque, les courses d'orientation, le cyclotourisme, les courses camarguaises ainsi que l'escalade et la montagne.

Le monde rural ne serait pas ce qu'il est sans un volet associatif, qu'il soit de loisir, de sport ou social. C'est la force et le dynamisme de nos terroirs que d'avoir un réseau associatif hors norme avec des équipes de rugby et de football dans de très nombreux villages.

C'est dans cet esprit que, lors du premier confinement, j'ai décidé avec Pascal Grizot, président de la Fédération française de golf, d'imaginer un collectif nommé Alliance qui rassemblerait les fédérations des principales activités de sports et de loisirs de nature afin d'obtenir un déconfinement différencié selon leurs activités respectives. Dans le cadre de la lutte contre le Covid-19, il était évident qu'il fallait faire la différence entre les sports collectifs présentant un danger évident de transmission et les sports de plein air qui pouvaient s'imposer des règles spécifiques, sans danger de contamination. Forts de notre détermination et du soutien immédiat du président de la République et du Premier ministre Jean Castex, nous avons pu obtenir gain de cause contre le lobby du sport et notamment du puissant Comité national olympique français, qui plaidait pour un déconfinement égalitaire et sans aucune nuance. Il est toujours surprenant de constater que le monde du sport, dans sa culture très élitiste, n'a que très peu d'intérêt, pour ne pas dire aucun, pour le monde du loisir et du sport de nature. C'est absolument sidérant car l'immense majorité des femmes et des hommes de ce pays qui pratiquent un sport ne feront jamais de compétition mais partagent cette passion et ce besoin de se faire du bien et d'entretenir le lien social.

Pour les deux autres confinements, le président de la République a arbitré pour faciliter les activités de plein air avec des distances plus grandes et a allégé les contraintes sanitaires inutiles dès lors que l'encadrement était réel et sérieux.

Il faut avouer que nous rassemblons dix fédérations nationales des sports et loisirs de nature, qui représentent huit millions de licenciés et plus de dix milliards d'euros de flux financiers en grande partie dans les campagnes : cela peut donner envie de nous écouter. J'ai accepté le poste de secrétaire général de l'Alliance car j'ai l'intime conviction qu'il faut un dialogue et une concertation permanents entre tous les passionnés de nature afin que la cohabitation harmonieuse soit une réalité et que les tensions soient immédiatement gérées au plus près du terrain.

En moins de deux ans, l'Alliance des sports et loisirs de nature est devenue incontournable auprès des pouvoirs publics et des politiques, et son président, Pascal Grizot, est reçu à l'Élysée et à Matignon comme un interlocuteur de choix, pragmatique et volontariste dans les compromis.

10.

Les présidents de la République en campagne

Je me souviens de l'affiche de François Mitterrand en 1981. « La force tranquille ». Son visage apparaissait au centre de l'image. Sur le côté, on devinait un bosquet, une haie, des champs. Mais surtout, au second plan, l'image présentait l'arrière d'une église, sans sa flèche, comme le centre d'un village. Chaque président a sa conception propre du monde rural et sa manière de peser sur son évolution. Depuis ma naissance, les chefs d'État ont été contrastés. De de Gaulle le souverain adoré à Emmanuel Macron l'incompris, la palette est vaste. Pompidou le productiviste, champion des records. Mitterrand l'efficace, obsédé par la balance des paiements. L'aimable Chirac, qui portait si bien les bottes de caoutchouc. Sarko et son allure si urbaine. Sans oublier Hollande, étonnamment à l'aise. Pour comprendre leur rôle, il faut les suivre dans leurs déplacements campagnards et étudier leurs décisions. Car tout n'est pas qu'affaire de bonne conduite. L'engagement se mesure vraiment à l'action. J'ai pu l'expérimenter avec François Mitterrand – nous l'avons vu – puis avec ses successeurs.

Jacques Chirac, le président des apparences trompeuses

Lorsque nous sommes arrivés à l'Élysée, ce 15 juin 1995, j'accompagnais le président de l'Union des chasseurs, Pierre Daillant, et mon ami Gilbert de Turckheim, qui en était le vice-président. Nous avions demandé en urgence une audience pour faire suite à une déclaration intempestive du président de la République, Jacques Chirac. Quelques semaines après son élection, il s'était senti inspiré en annonçant dans la même mesure que les ministres devraient s'arrêter aux feux rouges, qu'ils devraient prendre des avions de ligne au lieu des avions gouvernementaux et qu'il fallait fermer les chasses présidentielles. Une affirmation très démagogique sous l'influence de sa fille Claude Chirac et déjà de l'inénarrable Nicolas Hulot. Nous étions un petit groupe d'initiés à connaître l'allergie profonde de Jacques Chirac pour la chasse. Pourtant, il était entouré de véritables aficionados – François Baroin, Christian Jacob, Camille Cabana, Guy Drut, et même son directeur de cabinet, Bertrand Landrieu. Son seul intérêt pour la chasse était strictement électoral. Il a fallu l'émergence de CPNT pour que le nouveau président prenne conscience de son erreur.

Lors de cette audience, en 1995, nous avions l'intention de lui expliquer que donner un tel signe aux chasseurs et aux ruraux était une erreur. Dans son grand bureau, nous avons eu droit à du Jacques Chirac paternaliste en diable, nous expliquant que nous ne comprenions rien à la politique, qui était faite de gestes symboliques qui ne devaient pas nécessairement se transformer en actions concrètes. Bref, pour le président, il n'y avait pas de sujet. Pire, il nous assura que Nicolas Hulot, l'animateur d'« Ushuaïa », n'était absolument pas antichasse, bien au contraire.

Face à lui, je bouillais d'impatience. Malgré l'interdiction formelle du directeur de cabinet d'intervenir, sauf à la demande du président, j'ai interpellé l'ancien maire de Paris. Bertrand Landrieu m'a fusillé du regard, mais c'était trop tard.

J'avais imprimé un texte d'une page que j'ai tendu au président, en lui demandant de lire le titre. C'était un texte écrit par Nicolas Hulot. Une diatribe contre les chasseurs intitulée « Les semeurs de trépas ». On ne pouvait pas être plus clair. Jacques Chirac reconnut qu'il ne s'attendait pas à cela. J'avais marqué un point et le président nous demanda de nous rapprocher de Camille Cabana, chargé de la supposée fermeture des chasses présidentielles. Tout à coup, il pensait que nous pourrions trouver une solution qui satisfasse tout le monde. Connaissant parfaitement la tactique chiraquienne qui consistait à reporter la décision ou à la prendre en douce, je continuai. Le regard de plus en plus noir de Bertrand Landrieu ne m'impressionna pas, car nous avions réfléchi à une solution clés en main pour que personne ne perde la face. Il était facile de mettre un terme aux chasses présidentielles de Marly-le-Roi, car c'était une zone périurbaine qui posait déjà des problèmes de voisinage. Il suffisait ensuite de parler de battues de régulation pour Chambord et de lieu d'expérimentation pour Rambouillet et le tour était joué. Le président me remercia pour cette proposition convenable sur le principe, qu'il allait faire valider par son entourage « chasse ».

En sortant du bureau présidentiel, le directeur de cabinet est venu vers moi en me faisant remarquer avec la mâchoire crispée et les poings serrés que je n'avais franchement pas été réglo. Je l'ai rassuré en lui expliquant que j'étais à peu près certain qu'il n'y aurait pas de seconde audience et que nous traiterions tous les dossiers ayant trait à la chasse dans son bureau à lui. Il nous confirma avoir obtenu la mission de veiller à ces sujets, ce qui nous convenait très bien.

Si on interrogeait aujourd'hui les Français pour savoir si le président Jacques Chirac était très proche du monde rural pendant ses deux mandats, ils répondraient par la positive. Sa conquête de la Corrèze et sa passion pour l'agriculture ont donné une image très rustique à l'ancien maire de Paris. Pourtant, la réalité est à cent lieues de cette fiction.

Car Chirac confond la ruralité et l'agriculture. Dans le monde réel de nos campagnes, plus de neuf personnes sur dix ne sont plus aujourd'hui agriculteurs, ni travailleurs dans l'agroalimentaire ni chasseurs. Ce sont donc bien d'autres sujets de la vie quotidienne qui préoccupent les campagnes. Plus tard, la mobilisation des Gilets jaunes sur les ronds-points en sera la parfaite démonstration.

Il y a presque un siècle que cette réalité campagnarde s'est imposée. Il fut un temps, jusqu'à la fin de la Seconde Guerre mondiale, où la vie rurale était composée essentiellement d'agriculteurs, de retraités de l'agriculture, de salariés de petites entreprises et de commerçants et d'artisans. Ces temps sont révolus depuis les années 1960.

Déjà, quand Jacques Chirac était ministre de l'Agriculture, entre 1972 et 1974, tout avait basculé.

Malheureusement, dès cette époque, le lobby agricole s'est imposé. Mieux organisés, les principaux syndicats agricoles (FNSEA, JA, APCA), plutôt de droite, avaient accès aux élus et aux médias. Ils parlaient fort et de façon cohérente, là où les autres composantes du monde rural étaient isolées. Et comme Jacques Chirac sous-traitait facilement la politique agricole par les leaders du domaine qui devenaient ministres, comme François Guillaume, seuls prévalaient les intérêts de ces élites économiques de la terre. À preuve aussi, les longs passages de Jacques Chirac au Salon de l'agriculture. Comme si taper le cul d'une vache disait l'affection que l'on porte aux ruraux.

Pourtant, lors des deux mandats présidentiels de Jacques Chirac, le nombre d'agriculteurs baissait fortement. Un véritable tsunami frappait les champs. Et la désindustrialisation des territoires de province s'accélérait.

L'émergence du parti des chasseurs, Chasse, pêche, nature et traditions (CPNT), au milieu des années 1990, a changé la donne. Comme je l'ai expliqué précédemment, ce mouvement politique avait réussi à capter un vote rural grâce à un discours habile de deux maires ruraux, le Périgourdin André Goustat et le Béarnais Jean Saint-Josse. À cette époque, le Front national ne perçait pas dans les campagnes et le poujadisme rural des artisans, des commerçants, des retraités et des chasseurs s'exprimait dans ce vote CPNT. Parce qu'ils étaient des élus ruraux, ils avaient d'abord et avant tout un discours autour du « vivre et travailler au pays », et la chasse n'était qu'une infime partie de leur programme.

En devenant le conseiller de Jean-Pierre Raffarin en Poitou-Charentes, j'avais été tout de suite démarché par le sénateur centriste Pierre Lacour, qui était aussi président de la Fédération des chasseurs de Charentes. Cet homme charmant connaissait la ruralité sur le bout des doigts, véritable spécialiste des champignons, des écrevisses et des poissons d'étang. Il était aussi passionné par l'expérimentation sur les truffes poussant non pas sous les chênes mais sous les noisetiers. Maire d'une commune comprenant un hameau entièrement habité de Hollandais, il connaissait tous les conflits entre communautés. Il voyait le petit commerce local menacé par les camions frigorifiques venant d'Amsterdam pour livrer des produits frais aux expatriés bataves. Et ces nouveaux venus protestaient à cause des cloches des vaches, des bouses sur le chemin communal et du chant du coq dès cinq heures du matin.

Dans la plus grande discrétion et à sa demande, je suis devenu coauteur avec Claude Bussy, directeur de la Fédération départementale des chasseurs, du programme rural de CPNT. Nous parlions de la vie quotidienne dans nos campagnes et du mal-être des maires, des commerçants et des artisans. Dans ce contexte, les menaces européennes sur la chasse des oiseaux migrateurs permettaient un discours très anti-européen, à l'opposé de celui des agriculteurs, toujours désireux de plus de fonds communautaires.

Jacques Chirac peinait à admettre la chasse comme un second lobby rural. Dans son entourage pourtant, certains étaient pleinement conscients de la situation. François Baroin et Christian Jacob notamment sentaient monter la colère des ruraux contre l'Europe, les écologistes et les politiques agricoles destructrices de biodiversité. La difficulté du président résidait dans sa sous-évaluation du potentiel électoral de cette colère. Le leader de CPNT, Jean Saint-Josse, eut l'intelligence politique de maintenir une ligne « ni gauche ni droite » et de parler cent fois plus de la défense de nos campagnes et de nos traditions que de chasse. C'est ce qui lui a permis de faire un sans-faute électoral entre 1998 et 2002 – pour rappel : trente-deux élus dans dix-sept régions aux régionales ; six députés aux européennes ; 4,3 % des voix à la présidentielle.

En toute discrétion, durant les cinq années, j'ai été le conseiller politique de Jean Saint-Josse et le directeur de toutes les campagnes électorales de la CPNT. J'étais aussi à partir de 1999 le directeur de cabinet des députés européens français du groupe politique au Parlement européen. J'avais été chargé de créer ce groupe, en convainquant des députés qui étaient avec Philippe de Villiers de le quitter et en négociant avec le nouveau venu anglais, le souverainiste Nigel Farage. Nous avons construit ce groupe « pour une Europe des démocraties et des différences » (EDD).

Au Royaume-Uni, Nigel Farage avait monté une alliance rurale efficace et organisée, la Countryside Alliance. Là est née la base du futur UKIP, le parti indépendantiste qui a poussé au Brexit en 2016. Véritable *gentleman farmer*, Farage avait débuté sa stratégie de conquête électorale par l'angle rural, afin de s'appuyer sur un véritable sentiment d'appartenance des habitants du Royaume-Uni. L'insularité de ce pays composé de plusieurs nations donnait une résonance forte à ceux qui plaidaient pour le droit aux différences dans une Europe où la Commission européenne cherchait à tout normer et uniformiser.

Alors seulement, la colère rurale commença aussi à intéresser le FN, bien que Jean-Marie Le Pen soit un véritable urbain. Son vice-président, Jean-Claude Martinez, éminent professeur d'université et député européen, nous croisant un jour de 1999, Jean Saint-Josse et moi-même, sur le quai de la gare de Bruxelles-Midi, nous affirma avec un grand sourire qu'aux européennes nous avions « piqué l'électorat rural du FN ». Il insista pour préciser que cela ne se reproduirait pas, car son parti allait maintenant se tourner vers les campagnes. De fait, le monde périurbain et rural est maintenant le point fort du RN.

Pour Jacques Chirac, la prise de conscience tardive de la profonde déception d'un électorat rural arriva en 2002, avec le score des chasseurs à la présidentielle et celui de Jean-Marie Le Pen, présent au second tour.

Tuer le parti des chasseurs pour sauver la chasse

En débutant son nouveau mandat, Jacques Chirac nomma comme Premier ministre Jean-Pierre Raffarin, ancien ministre et président de la région Poitou-Charentes qui, lui, avait une véritable vision rurale. Raffarin avait compris depuis longtemps que les ruraux n'étaient plus en majorité des agriculteurs et que l'on ne pouvait plus réduire la ruralité aux deux lobbies les plus organisés, à savoir celui des agriculteurs et celui des chasseurs.

Malgré sa volonté de partir à la reconquête des électeurs ruraux du FN, il lui fallut trois ans, de 2002 à 2005, pour obtenir le feu vert du président et faire voter la loi sur le développement des territoires ruraux. Malheureusement, dans les mois suivants, a été programmée une énième loi agricole pour rassurer les amis paysans du président. Pour Jacques Chirac, la priorité était toujours de reparler d'agriculture, de prix des produits agricoles ou de la Politique agricole commune plutôt que de la vie quotidienne des artisans, commerçants, ou des retraités dans les villages.

Mes bureaux étant situés dans la rue de Varenne, à moins de cinq cents mètres de Matignon, je m'y rendais souvent pour aider le Premier ministre à imposer ses objectifs sur la ruralité. Je venais avec mon chien, un cavalier king charles appartenant à ma compagne. Ce coquin se promenait en liberté dans le bureau des secrétaires du Premier ministre, qui l'adoraient. Visiblement, j'étais le seul interlocuteur du chef du gouvernement à avoir ce culot. Quand parfois je venais sans lui, les assistantes déçues me faisaient promettre de revenir avec lui la prochaine fois.

Conscient des blocages de la droite et du lobby agricole pour parler vie quotidienne dans les campagnes, Raffarin me demanda en 2003 d'organiser un grand colloque sur la stratégie rurale du gouvernement, au Sénat, afin de pouvoir anticiper certaines annonces et souligner l'importance de son engagement sur ce sujet.

Pour mettre la pression et défendre l'urgence de la politique rurale, j'avais créé avec mon ami et sénateur Ladislas Poniatowski l'association Ruralité et société.

Elle rassemblait déjà des personnalités des campagnes et c'est elle qui se mobilisa pour le colloque sénatorial. Hélas, la motivation des membres était faible, car l'enjeu stratégique n'était pas franchement partagé hors des périodes électorales. Nous n'avions pas assez d'ambition, et l'électorat rural n'était pas encore assez perceptible pour les analystes politiques, hors des segments électoraux des agriculteurs et des chasseurs.

Dans le même temps, j'avais organisé pour le Premier ministre une interview-fleuve dans le principal mensuel rural, *Le Chasseur français*, avec ses cinq cent mille lecteurs attitrés à l'époque. Une grande première pour le journal, mais aussi pour les services du gouvernement, qui n'avaient pas ce mensuel dans leur champ de vision. J'avais eu droit à une bronca du conseiller en communication du Premier ministre, qui le considérait comme un journal de petites annonces de mariages et autres affaires de cœur… Mais les dix pages que nous avons eues ont compté pour faire connaître Raffarin loin de Paris.

Restait à réduire le parti des chasseurs (CPNT). Au lendemain de l'élection présidentielle de 2002, Raffarin et moi étions allés voir le directeur de cabinet de Jacques Chirac, Bertrand Landrieu, et son conseiller politique Jérôme Monod. Nous étions tombés d'accord sur le fait que la droite pouvait maintenant représenter le monde rural. CPNT et son président risquaient de diviser l'opinion, voire d'alimenter l'extrême droite. De plus, Saint-Josse, grisé par sa candidature à la présidentielle, manquait de réalisme. J'ai donc renoncé à mon rôle auprès de lui et soutenu la demande du président.

Par goût du travail bien fait, j'ai conduit toutes les polémiques contre CPNT et ses dirigeants. En se rasant le matin, le pauvre Saint-Josse entendait ma voix sur France Bleu Béarn et quand il parcourait son journal préféré *Sud Ouest*, il tombait sur une interview qui lui gâchait son café. À chaque fois, j'expliquais qu'il avait pris la grosse tête et que nous avions promis de mettre un terme à l'existence de ce mouvement, pour éviter de finir en parti croupion comme les Verts.

Depuis lors, Jean Saint-Josse ne m'adresse plus la parole et refuse de me serrer la main encore aujourd'hui, soit plus de vingt ans après.

Entre-temps, la droite a fait une OPA sur l'étiquette rurale du parti CPNT, en a fait un parti satellite qui s'est transformé en Mouvement pour la ruralité et qui a perdu 90 % de ses effectifs et 100 % de son influence. Xavier Bertrand, à son arrivée comme secrétaire général de l'UMP en 2008, donna le coup de grâce en plaçant le mouvement sous tutelle. Il croyait s'acheter une marque pertinente alors qu'elle ne valait plus rien. En leader politique peu imaginatif mais habitué aux méthodes politiciennes anciennes, Bertrand proposa une place éligible aux régionales à Frédéric Nihous, ancien attaché parlementaire de Jean Saint-Josse, son successeur à la tête du parti. Ce sucre d'orge lui acheta une paix illusoire. Car le pouvoir de nuisance ou de séduction des chasseurs avait changé de lieu. Il résidait maintenant à la Fédération nationale des chasseurs.

Xavier Bertrand n'avait rien perçu de ce changement. Il venait juste de se faire berner en achetant un lièvre dans un sac, comme on dit chez nous en

Franche-Comté. Cela ne lui a guère porté fortune pour la suite de sa carrière. Cela aurait même pu lui coûter l'élection dans les Hauts-de-France. Mais il a fini par écouter l'avis de Willy Schraen et il a même proposé des places éligibles à tous les présidents des fédérations départementales des chasseurs des cinq départements des Hauts-de-France.

Pour revenir au président Chirac, sa passion rurale était entravée. Il était focalisé sur le principe de précaution à inscrire dans le préambule de la Constitution. En fait, le président faisait partie de ces hommes de droite qui se rêvent de conduire une politique de gauche sur l'écologie. Et si l'on ajoute à cela son goût des élites agricoles...

En réalité, les ministres de l'Écologie et les ministres de l'Agriculture de Jacques Chirac sont restés très en retrait sur les sujets ruraux, la biodiversité et la chasse. Corinne Lepage a donné le ton par son inactivité, alors qu'elle était une experte en droit de l'environnement. Elle passait son temps à se plaindre de ne pouvoir agir au point d'écrire un livre en quittant le ministère dont le titre, *« On ne peut rien faire Madame le ministre... »*, est révélateur. Même Roselyne Bachelot, pourtant protégée par le président lui-même, dut faire face à une polémique médiatique sur son bilan mitigé avant de reprendre habilement les choses en main. Lorsque la une du *Monde* titra sur la faiblesse du bilan de plusieurs ministres dont Roselyne Bachelot, je fus désigné par l'entourage de la ministre comme l'auteur des informations tendancieuses. Je confesse avoir mené la charge, ce qui a fait que la ministre a refusé de me parler et de me serrer la main pendant des mois.

Au final, mon aide politique au président Chirac a peu permis de corriger les déséquilibres français au profit des villes. Le monde rural, qui encore aujourd'hui garde une affection pour le « grand », a perdu de précieuses années. Que Raffarin ait tenté de corriger le tir sans y parvenir pleinement prouve combien la technocratie des énarques pense d'abord les campagnes avec un regard productiviste. Leur passion des chiffres les empêche de constater la vie qui s'étiole.

Nicolas Sarkozy ou Neuilly en forêt

À peine installée comme conseillère juridique du ministre de l'Intérieur Nicolas Sarkozy, dans un minuscule bureau de la place Beauvau, Emmanuelle Mignon me convoqua comme secrétaire général du Comité Guillaume Tell, un groupe de défense des armes. Je m'étais assis sur un siège inconfortable, avec devant moi une table ronde envahie de parapheurs et de rapports parlementaires, et j'eus droit à une leçon de morale. La droite venait de remporter les élections de 2002 et la nouvelle conseillère, tête pensante de l'UMP, pensait tout savoir.

Emmanuelle Mignon m'expliqua pendant quinze minutes, avec un ton qui ne souffrait pas la contradiction, que la réglementation sur les armes était trop laxiste et qu'il fallait avoir le courage d'engager une réforme sur ce sujet. Elle parlait avec détermination pour que je comprenne bien que la priorité du ministre c'était la lutte contre la délinquance armée et contre les trafics d'armes. Elle me rappelait, comme si je l'ignorais, que chaque fait divers dramatique avec une arme à feu faisait la une des journaux et des 20 heures et que le ministre en charge de la sécurité publique serait obligé d'intervenir.

Soudain, son ton se radoucit. Elle avait conscience que le lobby des armes en France, c'étaient cinq millions de détenteurs d'armes, dont 90 % étaient des chasseurs et donc des ruraux. Elle n'avait rien contre eux. Il fallait donc découpler les sujets.

Réagissant à ces propos très tranchés, j'ai fait remarquer que les détenteurs légaux n'étaient ni des voyous ni des assassins, et que bien que les kalachnikovs soient interdites, elles étaient néanmoins utilisées dans les banlieues pour protéger le trafic de drogue. Même si ce n'était plus totalement justifié, j'insistais sur cette fracture en matière d'armes entre la banlieue et ses voyous et les campagnes et les honnêtes gens. Et je rajoutais pour finir, en étant un peu provocateur, que si elle avait une vision strictement juridique de la réforme sur les armes, alors nous ne pourrions pas travailler ensemble. À ma grande surprise, elle me dit avoir besoin de comprendre et d'apprendre. Mes experts seraient les bienvenus pour confronter nos analyses. Je pouvais compter sur elle pour ne pas se tromper de cible.

Elle poursuivit en étant très critique sur sa propre administration, qui pouvait avoir une phobie anti-armes sans rapport avec la réalité française ou la sécurité publique. J'étais rentré dans son bureau à reculons et j'en suis ressorti heureux de pouvoir travailler sans tabou.

Pendant deux ans, j'ai eu à gérer avec elle toutes les réformes concernant les armes et la sécurité publique. Et cela, au nom du Comité Guillaume Tell. Créé en 2000, ce comité était constitué de la Fédération des chasseurs, de celle des tireurs sportifs, du ball-trap et des collectionneurs, ainsi que des armuriers et des vendeurs et distributeurs d'armes. L'objectif était de parler d'une seule voix pour le monde des armes alors que chacun défendait très mal ses intérêts. Lors de la création du comité, j'avais fait valider ce nom par pure provocation, car Guillaume Tell, le héros légendaire des mythes fondateurs de la Suisse, n'utilise pas d'arme à feu, mais une arbalète.

Aujourd'hui encore, le comité est systématiquement consulté en amont de toutes les réformes sur les armes et la sécurité publique, et je dialogue avec les ministres de l'Intérieur dès qu'un fait divers touche notre secteur.

Nous n'avons jamais demandé une libéralisation sur les armes, le port d'armes ou la réglementation concernant les détenteurs légaux. Nous voulions simplement éviter les restrictions comme celles que le gouvernement Jospin avait entamées au détriment des ruraux.

Emmanuelle Mignon présidait souvent les réunions d'arbitrage sur les réformes concernant les armes et avait pris pour habitude révolutionnaire de prendre ses décisions en ma présence comme secrétaire général du Comité Guillaume Tell. Adieu le contexte feutré des arbitrages sans témoins et bonjour l'échange d'arguments. Elle adorait trancher en direct, sans y mettre les formes, ce qui terrorisait les directeurs des services. Le plus drôle était que, parfois, elle nous recevait avec son vélo installé dans son bureau, au grand étonnement des huissiers.

En 2004, lorsqu'elle est devenue conseillère de Nicolas Sarkozy, alors ministre de l'Économie, elle s'était approprié le dossier « chasse », car elle considérait que l'électorat rural était un terreau pour le FN.

Excellente stratège, sans retenue ni tabou dans sa volonté de mettre en place des réformes, elle imaginait la future candidature de l'ancien maire de Neuilly à la présidence de la République. J'ai apprécié cette jeune femme pour son naturel et pour son ouverture d'esprit. Elle affectionnait Saint-Gervais et le mont Blanc. Sa passion pour les vallées et les sommets alpins me faisait l'admirer encore plus que de raison, car elle détonnait dans ce monde sans relief de technocrates. Moi qui tenais fréquemment un discours très anti-énarque, j'ai été sous le charme de cette jeune femme stakhanoviste à l'écoute des signaux faibles.

Grâce à elle, Nicolas Sarkozy s'est acheté la paix avec les chasseurs, le monde rural et les cinq millions d'utilisateurs légaux d'armes à feu pendant ses fonctions ministérielles. Puis tout ce monde a soutenu son élection à la présidence.

Emmanuelle Mignon m'a aussi présenté François Fillon. Ce dernier venait contribuer à l'élaboration du programme de campagne du candidat. Quand je l'ai rencontré, il était tout seul dans son bureau du siège de campagne. C'est ainsi que nous sommes parvenus à mettre en place la dernière convention thématique de l'UMP sur le thème de la ruralité. Pourtant, le lobby agricole était vent debout contre cette proposition, et Nathalie Kosciusko-Morizet voulait bloquer la présence des chasseurs à cette convention, en affirmant que ce groupe nuisait à la ruralité.

La convention « ruralité » se tint dans la dernière ligne droite de mars 2007, et la fidèle chiraquienne NKM flingua en direct et en public la présence de Charles-Henri de Ponchalon, le président de la Fédération nationale des chasseurs, qui était pourtant l'invité de Nicolas Sarkozy. Mais cela n'eut guère d'impact, et nous parvînmes à corriger l'image de Nicolas Sarkozy, alors vu comme défenseur des villes et des banlieues. Il était désormais l'homme de la France entière.

Malheureusement, le président n'avait pas toujours les codes pour convaincre les ruraux. Je me rappelle comme si c'était hier le déplacement caricatural du candidat en Camargue, deux jours avant l'élection présidentielle. Nicolas Sarkozy devait affronter Ségolène Royal. C'est dans ce contexte qu'une photo terrible fut prise. Elle montre d'un côté Nicolas Sarkozy seul sur un cheval camarguais, gris très clair, presque blanc, avec ses lunettes de soleil et au milieu des taureaux sauvages d'un noir profond, et de l'autre une remorque à foin tirée par un tracteur où s'entassent des dizaines de journalistes qui doivent immortaliser la scène. Totalement artificiel, presque comique. Cela réduisait à peu de chose des années d'efforts pour le crédibiliser auprès des ruraux.

Une fois élu, le président sut parfaitement remercier les mondes de la chasse et de l'agriculture pour leur soutien, en appliquant à la lettre ses premiers engagements de campagne.

Pour Nicolas Sarkozy, la ruralité se limitait encore et toujours aux lobbies agricoles et cynégétiques. Très vite, il se contenta du soutien efficace à la politique agricole qui offrait une lisibilité face à des crises régulières des filières de production.

L'influence de Nicolas Hulot, people assuré et donc par nature séduisant pour Nicolas Sarkozy, devait faire le reste. Avec le Grenelle de l'environnement, on avait le point focal du président de la République sous la houlette du ministre de l'Écologie, Jean-Louis Borloo. Tout était à refaire. Avec Borloo, passionné par les banlieues, à la tête d'un mégaministère de l'Écologie, du Développement durable, du Transport, de l'Énergie et du Logement, il était prévisible que la ruralité soit reléguée en périphérie des politiques publiques. J'avais déjà connu ce désamour postélectoral avec le président précédent et j'enrageais, car des promesses avaient été prises, et la percée, certes contenue, du FN ne devait pas être négligée dans nos campagnes.

Le visiteur du petit matin de Borloo

Un seul homme, dans l'entourage le plus proche de Jean-Louis Borloo, ancien maire de Valenciennes, se battait pour corriger la dérive du gouvernement : Jean-François Carenco, son directeur de cabinet. À de nombreuses reprises, Jean-Louis Borloo, après un tête-à-tête chaleureux sur des sujets très divers, n'oubliait jamais de me préciser que tous les arbitrages dont nous venions de parler devaient faire l'objet d'une discussion avec

Jean-François Carenco, avant toute validation définitive. Il faut dire que ce dernier allait jusqu'à claquer la porte pour se faire entendre dans les réunions « technos » de Matignon.

On dit souvent que les présidents ont des visiteurs du soir, des conseillers occultes qui viennent quand le palais est désert. Avec Borloo et Carenco, j'étais devenu un visiteur du matin. Une fois par semaine, à sept heures et quart, j'attendais la voiture du directeur de cabinet dans la cour. J'avais cinq minutes, jamais plus, pour le convaincre d'une mesure ou lui formuler une demande. Notre rêve était d'obtenir du président un ministère de la Ruralité comme cinquième pôle de ce mégaministère de l'Écologie. Nous avons perdu cette bataille. Borloo lui-même n'a jamais pu monter à Matignon, comme il l'espérait.

Bien commencé, le quinquennat de Sarkozy s'achevait avec un faible bilan. Si faible que tous les défenseurs des campagnes quittaient le navire. À commencer par Emmanuelle Mignon. Dès 2009, elle décidait de retourner au Conseil d'État. Depuis septembre 2007, elle était nommée présidente du conseil d'administration du domaine présidentiel de Chambord. Elle espérait poursuivre un modeste volet de sa stratégie rurale en conviant des entrepreneurs, des diplomates et des politiques aux chasses de la République.

À cette occasion, peu après sa nomination, nous sommes allés ensemble faire une approche dans la forêt de Chambord, un soir d'octobre juste après le brame du cerf. Elle doutait un peu de ma passion pour la nature et je lui fis une très belle démonstration de mon savoir-faire à la fois de naturaliste et de chasseur, par ma façon d'approcher les cerfs et les sangliers. Elle s'étonna de mes capacités dignes d'un Sioux : je savais lire les traces et les indices dans la boue au cœur de la forêt. À cette période, les oiseaux ne chantent plus et les bois sont très calmes, surtout parce que les cerfs sont redevenus silencieux après la saison des amours.

Pourtant, un seul oiseau pousse encore la chansonnette. C'est sa façon de marquer son territoire et il est affreusement intolérant à l'égard des autres. C'est le petit et discret rouge-gorge, qui peut rester à moins de deux mètres de vous et continuer son gazouillis que les spécialistes décrivent comme une cascade perlée. C'était la première fois que la montagnarde qu'elle était découvrait cette mélodie si caractéristique qui brise le silence de l'automne. « Quiconque a entendu ce chant ne peut être foncièrement méchant », a ponctué Emmanuelle.

Hélas, le manque cruel d'intérêt du président fit que l'outil formidable de Chambord et de ses chasses au service des relations publiques de la République est resté sous-employé. D'ailleurs, à la suite d'une polémique orchestrée par Brigitte Bardot qui découvrait que les chasses de régulation se tenaient toujours dans les cinq mille hectares du domaine, Nicolas Sarkozy annonça la seconde fermeture des chasses présidentielles et la fin de tous les frais de bouche des invités de la République. Pierre Charon, successeur d'Emmanuelle Mignon, avait commis l'erreur, certes très anecdotique, de parler dans un hebdomadaire de sa passion et de ses projets pour Chambord. Il n'a fallu qu'une modeste mais virulente déclaration de BB pour que Nicolas Sarkozy demande à son Premier ministre de mettre un terme aux engagements financiers élyséens à Chambord.

Par amitié pour le président, Emmanuelle Mignon est revenue dans l'équipe de campagne de Nicolas Sarkozy en 2012, provoquant un sursaut d'espoir dans le camp de la droite tant ses qualités de stratège avaient marqué les esprits en 2007, avec un bon résultat à la clé.

Pour ma part, je ne partageais en rien cette analyse, car je sentais la colère monter dans les campagnes contre ce président qui n'avait pas tenu ses promesses et qui avait franchement oublié les électeurs ruraux. Les campagnards n'oublient pas facilement leurs déceptions.

François Hollande, rural tardif

Décembre 2011. En pénétrant dans le siège de campagne du candidat socialiste à la présidentielle, je suis étrangement serein. Je gravis deux par deux les marches du grand escalier qui me mène d'abord dans le bureau de Stéphane Le Foll, le porte-parole de la campagne présidentielle, puis dans celui de François Hollande.

La semaine précédente, j'étais encore à l'Élysée pour négocier les derniers arbitrages avec le conseiller environnement de Nicolas Sarkozy, l'Ardennais Boris Ravignon, sur quelques dossiers « environnement ». Je savais que je ne serais plus du tout le bienvenu au Château dès lors que mon rapprochement avec le candidat socialiste serait clairement affiché.

François Hollande me connaît bien. Entre 1998 et 2002, j'étais l'un des leaders des chasseurs qui faisaient monter la pression contre le gouvernement de Lionel Jospin alors qu'il était premier secrétaire du Parti socialiste. Il gérait habilement les députés de gauche ruraux qui supportaient de plus en plus mal les déclarations intempestives des écologistes contre les chasseurs. Il avait encore plus de mal à comprendre la provocation permanente de la ministre de l'Écologie Verte, Dominique Voynet, contre les agriculteurs, les chasseurs et les ruraux en général. J'appréciais beaucoup l'homme, son humour et sa façon de déminer les dossiers, car nous savions tous les deux que, parmi les chasseurs et les ruraux, l'électorat de gauche était encore majoritaire à cette période.

En 2002, l'arrivée durable de la droite au pouvoir ne m'avait pas fait oublier la complicité que nous avions sur l'approche rurale. Deux ou trois fois par an, je dînais avec lui et mon épouse Patricia, souvent à la terrasse du restaurant de la Maison de l'Amérique latine, non loin de la rue de Solférino, siège du PS. Je voulais maintenir le lien en partant du principe que beaucoup de dossiers que j'avais à gérer comme lobbyiste n'étaient pas clivants. Je pouvais trouver des majorités droite-gauche. C'était d'ailleurs le cas sur la chasse et sur les armes, où nous avions des soutiens sur tous les bancs de l'Assemblée et du Sénat.

Les retrouvailles de cette fin d'année 2011 sont amicales. Je m'installe face à François Hollande et Stéphane Le Foll, dans un bureau. Trois tableaux de conférence blancs sont couverts de graphiques tracés à la main, de bulles et de flèches indiquant des cibles électorales, et de quelques résultats de sondages. Sans tableau, je présente méthodiquement ma proposition.

Je vais aider François Hollande à conserver une partie de l'électorat rural et chasseur en dépit de l'accord envisagé avec les Verts. Faute de quoi il risquerait une défaite à la présidentielle et aux législatives ensuite. Je propose de le guider pas à pas dans sa conquête des ruraux et des chasseurs. Je m'engage à intervenir au sein de ces réseaux comme défenseur du candidat socialiste. En bref, je suis prêt à assumer le fait d'apparaître aux yeux de beaucoup comme un porte-parole clairement affiché du vainqueur de la primaire de gauche.

Sans hésiter, François Hollande me donne sa bénédiction et me remercie chaleureusement pour cette proposition très courageuse. Il sait que ce choix va provoquer la colère des nombreux sarkozystes et sans doute du président lui-même. Hollande a surtout conscience du poids électoral que représentent mes amis.

J'esquisse un sourire soulagé, quand d'un coup Stéphane Le Foll se lève. Il me domine de toute sa stature et me foudroie du regard. D'une voix tendue, il dit n'avoir aucune confiance en moi. Il connaît par cœur mon parcours et me considère comme un mercenaire passé de gauche à droite sans la moindre gêne. Il me demande des gages pour être sûr que je ne sois pas une taupe de la droite. François Hollande est amusé par la situation. En souriant, il me déclare que, contrairement à Stéphane, il a pleinement confiance en moi et que ma démarche est non seulement courageuse, mais aussi utile électoralement.

Sentant passer le vent du boulet, une idée me vient. Je leur promets que dans quelques semaines une brève paraîtra dans la rubrique « Confidentiel » du *Figaro* pour annoncer mon départ avec armes et bagages du camp de Nicolas Sarkozy pour celui de François Hollande.

Rassuré, Stéphane Le Foll prend alors un verre d'eau et trinque avec moi. Une manière modeste de me souhaiter la bienvenue, en tant qu'ancien trotskiste, dans le camp des vainqueurs. En politique, on aime les trahisons quand elles vous sont favorables, dit-il en guise de conclusion. Et il trinque derechef à la retraite de Nicolas Sarkozy.

Pendant la campagne, j'interviens dans certains cercles d'influence du monde de la chasse comme représentant du candidat François Hollande ; souvent je croise Gérard Larcher, qui porte la bonne parole rurale et cynégétique de Nicolas Sarkozy. Cela m'amuse, car Gérard Larcher, ancien président de la Fédération des chasseurs des Yvelines et véritable passionné de chasse, me déteste franchement. Il faut reconnaître qu'il a toujours eu un discours rural et prochasse que je partage entièrement, mais nous n'avons quasiment jamais été dans le même camp tous les deux. Nicolas Sarkozy a le mieux résumé les relations compliquées qu'entretient Gérard Larcher avec ses amis politiques, dont je n'ai jamais fait partie. Il disait à qui voulait l'entendre : « Quand tu n'as besoin de rien, tu appelles Gérard. »

Ayant été la plume des principaux engagements sur la chasse et la biodiversité du candidat de gauche, j'ai constaté avec plaisir que, devenu président de la République, François Hollande s'est tenu scrupuleusement à cette parole donnée. J'ai retrouvé un accès facile à l'Élysée et les ministres de l'Écologie étaient d'un grand pragmatisme à mon égard. Hélas, ce ministère a vu défiler trois ministres en moins de deux ans, ce qui faisait un peu court pour imaginer des stratégies de long terme.

Delphine Batho et Philippe Martin ont eu peu de possibilités de marquer leur passage, mais je me suis très bien entendu avec les deux, elle des Deux-Sèvres et lui du Gers. Après cette valse-hésitation, François Hollande décida de nommer Ségolène Royal, qui aurait le temps pour elle. À ma demande, il ne manqua pas de lui rappeler qu'il avait pris des engagements précis avec moi sur la gestion politique du dossier « chasse » et sur la stratégie rurale. Alors que je craignais le pire face à la détermination du tandem que formaient Ségolène Royal à l'Écologie et sa secrétaire d'État à la Biodiversité Barbara Pompili, je fus agréablement surpris du volontarisme et du pragmatisme de la ministre.

Bien sûr, elle désespérait ses propres équipes et notamment son directeur de cabinet par ses décisions souvent prises au dernier moment et annoncées sans la moindre nuance. Cela étant, par sa façon de s'exprimer en toute simplicité, elle était particulièrement appréciée des ruraux. Chacun pouvait comprendre ses propos. Connue comme présidente de la région Poitou-Charentes pendant dix ans, elle savait afficher une proximité incontestable avec tous les acteurs de la ruralité, bien au-delà de son propre périmètre ministériel.

Malgré son rêve de fusionner plusieurs établissements publics en un seul pour gérer la police de l'environnement et la politique de biodiversité, elle dut se plier aux injonctions de François Hollande à qui j'avais fait dire et écrire qu'il n'y aurait pas de fusion parce que les chasseurs et les agriculteurs y étaient défavorables. Je notais avec plaisir qu'il tenait une promesse très politique alors que le bon sens aurait voulu que l'État se réforme en réduisant ces « chapelles administratives ».

Les campagnes glissent vers la droite

J'avais l'intime conviction qu'il ne fallait pas grand-chose pour aider le président à déclencher cette reconquête indispensable de l'électorat rural avant que nous arrivions aux trois échéances de 2014, à savoir les municipales, les européennes et les sénatoriales. Hélas, à force de reporter la décision, les européennes ont donné la tonalité, plaçant le Front national comme premier parti de France, devant tous les autres. Cela arrivait après la conquête de quelques villes symboliques en mars aux municipales et fut suivi en septembre par l'obtention de deux sièges aux Sénat pour le FN.

À cette occasion, j'avais fait remarquer que la croissance du vote FN dans les petites villes et dans les campagnes était bien réelle, au-delà des bastions traditionnels du nord-est de la France. Je fis le siège de l'Élysée à de nombreuses reprises tout en comprenant que la méga-réforme territoriale régionale focalisait toutes les énergies, ce qui était bien dommage.

Le passage de vingt-deux à treize régions avec des transferts de compétences dans la loi NOTRe sur la nouvelle organisation territoriale de la République devenait l'alpha et l'oméga de la stratégie présidentielle. Mais cette réforme aurait des effets pervers. Les grandes régions seraient aux antipodes d'une politique de proximité tout comme le fait de renforcer des intercommunalités au détriment des communes. L'économie supposée par la diminution du nombre de régions était un marché de dupes. Il y eut maintien des effectifs et plus souvent accroissement de l'administration territoriale. Donc hausse des dépenses…

L'électrochoc des européennes et de la percée du FN a conduit le président à lancer enfin, en septembre 2014, les Assises de la ruralité. On préférait déjà parler « des » ruralités, car la campagne comme la ville ne sont pas des lieux homogènes. Sous les deux mandats de Jacques Chirac comme sous celui de Nicolas Sarkozy, on agissait parfois pour la ruralité, mais de façon cosmétique, alors que toutes les politiques volontaristes et affichées ne concernaient que la ville et les banlieues. François Hollande était le premier président à mobiliser toutes les forces vives de la ruralité pour imaginer les réformes indispensables à la vie quotidienne de plus de vingt-deux millions de nos concitoyens.

Ce changement était une œuvre collective, car le Bourguignon François Patriat et le Franc-Comtois Yves Krattinger étaient aussi à la manœuvre depuis l'élection en 2012. Ils tenaient autant que moi à ce que la gauche se réapproprie les territoires ruraux.

Hélas, nous avons très vite vu que les assises rurales seraient noyées et occultées dans l'océan de la réforme des grandes régions et le transfert de nouvelles compétences. Pire, le report des élections régionales en décembre 2015 donna du grain à moudre aux opposants, et les résultats permirent à la droite de revenir sur le devant de la scène avec huit régions gagnées.

Il fallait que les assises rurales aient une suite. François Hollande nous écouta beaucoup plus attentivement et trois comités interministériels aux ruralités furent programmés en treize mois comme s'il était urgent de rattraper le retard. Le premier comité se tint le 13 mars 2015 à Laon, dans l'Aisne, avec le président entouré du Premier ministre, Manuel Valls, et de onze ministres. Il annonçait la mise en place des conclusions des assises avec quarante mesures fortes dans tous les domaines de la vie quotidienne.

Pour faire connaître du grand public les idées du président, il fallait trouver un bon support. Début octobre 2015, je profitai d'un tête-à-tête pour suggérer une idée à François Hollande : et si pour la première fois un président de la République s'exprimait dans le plus lu des mensuels ruraux, à savoir *Le Chasseur français*, avec ses cinq cent mille lecteurs ? Bien que m'ayant donné carte blanche pour tenter le coup, ni le rédacteur en chef du mensuel, Antoine Berton, ni son propriétaire, le groupe italien Mondadori, n'envisageaient une seule seconde que François Hollande puisse dire oui. Et pourtant !

Le président accepta. Le jour de l'interview, le 20 octobre 2015, j'étais seul avec le rédacteur en chef du journal et un photographe dans un bistrot à côté de l'Élysée. Soudain, Antoine Berton me dit en respirant très fort que l'interview qui était prévue une heure plus tard n'aurait sûrement pas lieu, car ils n'avaient jamais reçu de confirmation écrite du service communication de l'Élysée. Je le rassurai en expliquant que j'avais un accord personnel avec le président. C'est la raison pour laquelle j'étais là avec eux, alors que ce n'était normalement pas ma place, et que bien évidemment le service com' avait fait le maximum pour torpiller l'idée de cette interview. Ils craignaient la déferlante médiatique ; très ironique et pas très cool, car seul le microcosme des journalistes parisiens leur semblait important.

Hollande a tenu parole, et son conseiller com' a eu raison sur un point : l'impact médiatique incroyable des dix pages d'interview du président, qui se révélait sur sa passion rurale. Il avait décidé d'assumer cette tribune pour parler aux électeurs ruraux de son plan d'action à la suite des assises et des comités.

L'article provoqua une quantité impressionnante de papiers et de reportages, tous positifs sur la posture rurale de Hollande, même s'ils étaient critiques ou ironiques sur le choix du support. Toutefois, François Hollande avait aussi décidé d'aller plus loin, quitte à fâcher les écologistes de sa majorité, en se revendiquant comme étant très proche des chasseurs et des pêcheurs, qui étaient pour lui des défenseurs de l'environnement. Le coup de projecteur médiatique le plus utile fut celui du *Canard enchaîné* qui titra en une « François Hollande racle les fonds de terroir », ce qui décupla les commentaires médiatiques sur la stratégie rurale du président.

À l'Élysée, l'interview était très détendue en présence du conseiller agri' et du conseiller com'. À ma demande, le président valida le principe que son chien, un labrador nommé Philae, soit présent sur les photos, toujours malgré l'avis contraire de ses communicants. Cela nous permit de jouer avec le chien pendant la balade dans les couloirs et dans le jardin, ce qui était un peu original si on se rappelle que nous étions à l'Élysée avec le président de la République. Sur quelques photos, j'apparais avec lui, signe de mon soutien total aux annonces et ma proximité avec le président.

Quand nous descendions le grand escalier de l'Élysée, côte à côte avec François Hollande, ce n'était pourtant pas de ruralité que nous parlions, mais d'Afrique ; je conseillais à la même période Idriss Déby, qui m'avait demandé d'intercéder en sa faveur, car il était comme souvent très irrité par certaines déclarations françaises. Le président de la République du Tchad étant notre meilleur allié en Afrique contre le terrorisme djihadiste, il était normal que l'on soit vigilant dans nos postures diplomatiques. Hélas, c'était loin d'être toujours le cas. Comme François Hollande, Idriss Déby, authentique paysan devenu chef de guerre, faisait face à une grave crise terroriste, devait gérer la désertification des campagnes et tentait de redresser l'économie de son pays pour en éviter l'implosion. Pour le président de la République française, il y avait des connexions entre tous ces sujets. Cet homme hors pair et d'une détermination sans faille les affrontait tous au cœur de l'Afrique.

11.

Emmanuel Macron, provincial et rural assumé

Ma première rencontre personnelle avec Emmanuel Macron date de décembre 2016, au siège de campagne du candidat « En marche ». J'étais accompagné de mon inséparable ami François Patriat, sénateur de Côte-d'Or, et fidèle d'entre les fidèles du futur président de la République. Ce Bourguignon insistait depuis des semaines pour que je rencontre son champion. Selon lui, le jeune candidat manquait d'un positionnement clair à destination de l'électorat rural. Je devais l'aider à corriger cela.

La rencontre et le pacte

2016. Au siège de campagne macroniste, l'ambiance est dynamique : il n'y a que des jeunes de moins de 25 ans qui s'agitent dans les couloirs et dans les salles de réunion, une vraie ruche. Patriat connaît tout le monde. J'ai l'impression d'arriver avec mon « parrain politique ».

Nous avons rendez-vous « à l'étage du boss, avec le boss », comme l'a dit un jeune homme à l'accueil. Juste avant d'entrer dans le bureau d'Emmanuel Macron, nous croisons Audrey Bourolleau, sa conseillère agriculture. Fébrile, elle veut marquer son territoire et savoir ce que je vais dire. D'emblée, elle ne m'inspire pas confiance, et l'avenir m'indiquera que j'ai eu raison : je constaterai bientôt qu'elle travaillait avec Xavier Niel sur un projet d'école d'agriculture. Lorsque l'on sait que ce milliardaire a soutenu le référendum d'initiative partagée visant à interdire progressivement l'élevage et la chasse en France et a investi dans des start-up de viande artificielle, on devine son rapport avec le monde agricole. Pourtant, à cette époque, Mme Bourolleau est lobbyiste du vin, ce qui n'était pas pour déplaire au futur président, qui n'hésitait jamais à affirmer qu'il aimait boire du vin midi et soir.

Nous allons entrer quand François Patriat me prend à part. Me tenant par les épaules, il me fixe avec insistance. Avec Macron, me dit-il, « il ne faut pas tourner autour du pot, il faut être factuel et proposer une méthode ». Pour dramatiser un peu plus la situation, il me dit avoir peiné à décrocher ce rendez-vous à cause de la très faible cote que j'ai dans la garde rapprochée du « boss ». Il a dû plaider ma cause auprès de Brigitte Macron. Pour conclure, il ajoute : « S'il te plaît, ne me déçois pas, c'est trop important qu'il gagne. »

Nous ouvrons la porte et pénétrons dans un bureau moderne. Le candidat est là. Il nous accueille en souriant et nous met à l'aise. « Vous vous ressemblez beaucoup tous les deux », s'amuse-t-il. Emmanuel Macron trouve que l'on pourrait nous prendre pour des frères. Je lui fais remarquer qu'une chose nous sépare : les Francs-Comtois ont toujours considéré les Bourguignons comme des voisins encombrants, voire des envahisseurs. C'est la raison pour laquelle ils se faisaient enterrer face contre terre pour protester contre l'occupant, quel qu'il soit. Nous en concluons ensemble que les racines rurales et le sentiment d'appartenance à un terroir sont d'une importance capitale dans notre pays.

Nous continuons à discuter debout. Emmanuel Macron s'adosse à un coin de son bureau et François et moi nous appuyons sur la table ronde. Nous sommes très proches et l'ambiance est vraiment détendue. Le tutoiement est immédiat, et c'est avec un verre d'eau que nous célébrons cette rencontre. Comme je suis demandeur, j'ouvre la discussion en rappelant que nous sommes tous dans ce bureau des provinciaux assumés, un Picard, un Bourguignon et un Jurassien. Macron précise une double culture provinciale : il se sent réellement picard, mais aussi profondément pyrénéen. Il a passé tous les étés de son enfance et de son adolescence chez sa grand-mère « Manette », à Bagnères-de-Bigorre. Il a encore beaucoup d'amis là-bas. La montagne, cela le connaît. Dans un grand éclat de rire, il ajoute que malgré cette double origine rurale et provinciale, il a encore l'image tenace d'un bobo, banquier d'affaires. Il conclut : où s'est-il trompé pour en être arrivé là ?

Emmanuel Macron écoute mes propositions. Je veux absolument lui expliquer que la chasse n'est ni vraiment un sport ni un loisir. Et très vite, il me coupe avec un clin d'œil : « Thierry, tu as raison, c'est d'abord et avant tout un mode de vie. » Voyant mon étonnement, il se rapproche de moi et me rappelle, le doigt pointé, que la majorité de ses amis dans les Hautes-Pyrénées et en Picardie sont chasseurs, pêcheurs et randonneurs. Et beaucoup sont restaurateurs, commerçants, artisans ou guides. Et la famille de Brigitte est composée de beaucoup de chasseurs. Bref, qu'il est imprégné de cette culture rurale depuis sa plus tendre enfance. Il me raconte avoir vu personnellement les montagnes et les vallées pyrénéennes se vider de leurs emplois au fil de ses séjours estivaux. Une tristesse le prenait aux tripes lorsque des proches ont dû quitter les terroirs et les maisons où ils étaient heureux et fiers pour aller s'entasser en périphérie d'une ville. Savoir qu'avec un président aussi sensible à la réalité rurale on pourrait enfin bousculer la technocratie et les conservatismes de tout poil me rassure. Hélas, j'ai aussi conscience que cela sera plus long que prévu, car dans ce beau pays la technocratie est tenace, les râleurs sont nombreux et les premiers de la classe ne sont pas les bienvenus.

Nous abordons tous les sujets, des zones blanches à la fibre, en passant par les petits commerces et les maisons de santé, sans négliger la sécurité, les incivilités et les services publics. Il est au courant de toutes les faiblesses des politiques précédentes et veut rentrer dans le détail des mesures à prendre pour inverser la tendance. Je souligne que la technologie actuelle est un atout formidable pour nos campagnes, notamment avec le télétravail. Je lui dis que j'ai aussi toujours eu la conviction que les nouvelles exigences des consommateurs sont des opportunités pour que nos campagnes redeviennent très attractives, avec des emplois et une vie sociale dynamique. Il partage mon enthousiasme tout en me rappelant que, jusqu'à présent et depuis trente ans, on s'est occupé des banlieues, pour lesquelles on a imaginé des plans en tout genre, en laissant les campagnes se débrouiller toutes seules.

Enfin, je pose la question centrale : « Emmanuel, me fais-tu confiance pour que je m'investisse à tes côtés sur la ruralité, la chasse et l'écologie, en te faisant prendre des engagements pragmatiques et réalistes ? » Je précise : « Es-tu d'accord pour que je traite en direct avec toi pour les arbitrages et que j'aie un seul correspondant dans l'équipe de campagne, et enfin seras-tu disponible lorsque je jugerai indispensable que tu sois présent ? »

Emmanuel Macron se rapproche encore un peu plus de moi au point que je sens son souffle sur mon visage. Il me regarde intensément et me dit : « Oui, Thierry, aux trois questions et sans la moindre hésitation. » Et dans la demi-seconde suivant cette affirmation forte et rassurante pour moi, il approche sa main de mon col de veste et me dit, mâchoire crispée : « Thierry, je te fais entièrement confiance, mais ne me trahis jamais. »

À ce moment-là, je comprends que nous venons de sceller un pacte nécessitant une confiance totale et de tous les instants – et qui m'engage encore aujourd'hui et jusqu'en 2027. Pourtant, ne me connaissant pas, sauf de réputation, il aurait légitimement pu douter de moi, mais sa confiance en François Patriat a pesé lourd dans sa décision.

Soudain, mettant fin à ce moment de gravité, il m'expédie un bon coup de poing dans les abdominaux en éclatant de rire. J'encaisse. Je suis heureux ! Le pacte est clair : je lui ai juré fidélité. Nous nous embrassons pour clore cette séquence riche en émotion et qui restera gravée dans ma mémoire comme dans celle de François.

Désormais, mon unique interlocuteur dans cette campagne sera Jean-Marie Girier, qui fait office de directeur de campagne très efficace et discret. Nous nous mettons au travail immédiatement. Le premier tour arrivera vite.

*

Pendant cinq ans, j'ai tenu parole malgré toutes les turbulences, et je continue. Je suis toujours aussi fier et honoré d'être proche d'un tel amoureux de la France, de nos terroirs et de nos valeurs. Un président qui sait s'entourer de gens très différents, qui ne pratique pas la langue de bois. Mais tout cela ne va pas sans friction.

L'écologie contre les ruraux

Au lendemain de l'élection présidentielle de 2017, des rumeurs signalaient l'envie d'Emmanuel Macron de mettre un écologiste au ministère de l'Écologie. J'avais pourtant passé beaucoup de temps pendant la campagne présidentielle à expliquer au futur président comme à ses proches que c'était une faute politique de confier l'écologie aux « écologistes » dans un gouvernement. J'ai toujours pensé qu'il fallait surtout une personnalité influente et proche du président, car les arbitrages interministériels sont la réalité quotidienne du ministre de la Transition écologique. Hélas, à droite comme à gauche et maintenant « en même temps », on a poursuivi dans cette impasse médiatico-politique qui consiste à choisir une étiquette plutôt qu'une personnalité.

Comme je l'ai expliqué précédemment, le choix de Nicolas Hulot coûta environ cinquante députés à la majorité dans les zones rurales, mais heureusement cela n'a pas eu d'incidence pour décrocher la majorité absolue à l'Assemblée nationale. En ajoutant le passage aux quatre-vingts kilomètres par heure, aux taxes nouvelles sur les carburants, tous les ingrédients étaient réunis pour déclencher la colère des ruraux.

Le syndrome de la double peine était devenu une réalité. En rentrant à Tourtour le premier week-end de juillet, j'ai vu débarquer chez moi mon ami pépiniériste Olivier Revelli et une heure plus tard mon autre ami Marc Lavergne, hôtelier-restaurateur de la Bastide de Tourtour, qui voulaient comprendre pourquoi « mon ami Macron laissait faire autant de conneries en même temps ». Leurs employés qui bossent et qui sont tous les jours sur la route pour venir au boulot étaient les premiers à exprimer leur incompréhension. Je dois avouer que j'étais bien en peine de fournir la moindre explication rationnelle.

Une semaine après l'annonce du Premier ministre, j'étais avec Willy Schraen, le patron des chasseurs, dans le bureau d'Emmanuel Macron pour les premiers arbitrages intermédiaires des réformes chasse et police de l'environnement. Notre premier sujet de discussion a été la limitation de la vitesse. Nous voulions alerter le président sur l'obstination d'Édouard Philippe. Le président nous a confirmé, sans langue de bois, que c'était une vraie erreur politique. Cependant, l'annonce étant faite, il ne pouvait contredire le choix de son Premier ministre sous peine d'alimenter une dangereuse polémique.

Et sans surprise, à partir du 17 novembre 2018, les ronds-points étaient occupés. Personne ne devrait oublier que la première mobilisation des Gilets jaunes, avant le détournement de la cause par les extrêmes, était celle de salariés, d'employés, de retraités, de commerçants et d'artisans des campagnes et des petites villes qui n'arrivaient plus à boucler leurs fins de mois. C'était le cri de colère et du cœur de celles et ceux qui vivent et travaillent dans les campagnes et voient leur style de vie attaqué.

Pour éviter de mettre de l'huile sur le feu de la colère rurale, les responsables agricoles comme ceux des chasseurs ont été d'une rare prudence. Pas question d'ajouter de la colère à la colère dans ce mouvement spontané.

Toutefois, le 8 décembre 2018, Willy Schraen comme moi-même avons été choqués par la violence inouïe des manifestations dans de nombreuses villes, et notamment à Paris. L'attitude révoltante des manifestants d'extrême gauche décidés à tout faire pour tenter de tuer des représentants des forces de l'ordre était honteuse.

Le lendemain, les deux provinciaux que nous sommes, lui dans sa maison du Pas-de-Calais et moi en Haute-Provence, avons décidé d'agir. J'avais reçu un appel de l'Élysée, et Emmanuelle Wargon, secrétaire d'État à la Biodiversité, avait joint Willy pour que l'on sorte du bois.

Willy Schraen, comme à son habitude, se plongea immédiatement dans la rédaction d'un projet d'appel au calme et à la raison destiné aux réseaux sociaux ruraux que tous nos relais d'opinion répercutaient à chaque fois. En plaisantant à moitié, je dis souvent que la chasse est le dernier réseau stalinien du monde rural. Car en pressant sur un seul bouton, ce réseau s'active et vous pouvez alerter en quelques heures plus d'un million de familles dans tous les départements de France.

Son appel fustigeait les fauteurs de troubles et ceux qui prônaient la violence contre des représentants des forces de l'ordre. Son ton était juste au regard de l'urgence. Il fallait marquer les esprits de ceux qui dans nos campagnes avaient une légitime colère contre le gouvernement mais qui refusaient la violence et le chaos.

Dans ce contexte et en parfaite coordination, les lobbies « chasse et agriculture » parlèrent d'une seule voix pour demander le retour au calme et au dialogue républicain, tout en stigmatisant les erreurs grossières de Nicolas Hulot et du Premier ministre, Édouard Philippe. Là commença le reflux du mouvement social.

Le président de la République prit alors une décision salutaire en lançant le grand débat national, qui se concrétisa en des milliers de réunions partout en France et par près de deux millions de contributions écrites. Emmanuel Macron a été le premier président de la République à faire une campagne électorale à l'envers. Avec le grand débat, il partit à la reconquête des relais d'opinion locaux, notamment des maires et plus généralement des électeurs, comme s'il cherchait à être réélu. Il était président depuis un an, mais il a tout repris à zéro. Un tel retournement de situation après trois mois de débats a forgé chez lui l'intime conviction qu'il devrait toujours mouiller sa chemise pour convaincre, car, là comme ailleurs, la sous-traitance ne fonctionne pas. Personne ne pouvait croire qu'il s'engagerait lui-même dans seize débats, dont la durée dépassait parfois les sept heures, en répondant à toutes les questions de tous les participants, avec une franchise désarmante.

J'ai plusieurs fois évalué dans les quarante-huit heures qui suivaient ces réunions publiques le sentiment de nos relais locaux. À chaque fois, en Occitanie en janvier, en Bourgogne en février ou en Corse en avril, j'étais bluffé par le changement radical de discours et d'attitude dès qu'un élu avait eu un dialogue direct avec le président. Sur l'île de beauté, où l'hostilité était la plus forte, j'étais estomaqué par le discours positif de maires ruraux qui étaient pourtant « anti-Macron primaires » jusqu'au jour du débat. De leur point de vue, Macron n'était plus le premier de la classe, mais celui qui pouvait se tromper ou faire des mauvais choix au mauvais moment. Ce cocktail de modestie et de pédagogie a contribué au succès de ce grand débat.

Sébastien Lecornu a su renforcer l'ancrage rural du président pendant le grand débat avec un savoir-faire hors norme comme coanimateur. D'ailleurs, durant la négociation sur la réforme sur la chasse, la biodiversité et la police rurale, chaque réunion de fin de matinée ou de fin d'après-midi se déroulait avec un plateau de charcuteries et de fromages et une bouteille de vin rouge et une autre de vin blanc. Sébastien Lecornu maîtrisait à la perfection l'art de faire baisser la pression lorsque l'on évoquait des sujets qui fâchent. Cela donnait aussi plus de temps pour réfléchir aux réponses à donner, entre le saucisson et le fromage. L'ambiance était autre et l'échange plus posé et moins impulsif avec un verre de vin à la main !

Cela permit de déboucher sur des compromis durables. Emmanuelle Wargon et son directeur de cabinet, Jacques Azoulay, reprirent la même technique qui s'avéra redoutablement efficace dans la durée. L'actuel ministre de la Défense utilisait aussi une autre stratégie qui consistait à déplacer les négociations de son bureau parisien à la belle ville de Vernon, dans l'Eure, dont il avait été le maire. Ce cadre champêtre à moins de soixante-quinze kilomètres du centre de Paris rassurait les parties prenantes.

Pourtant, Emmanuel Macron récidiva en allant encore chercher un successeur écologiste à Nicolas Hulot. François de Rugy agaçait beaucoup de responsables agriculteurs et chasseurs. Mais le nouveau ministre de la Transition écologique était pragmatique. Je fis en sorte que les lobbies ruraux évitent de dénoncer ce choix par principe. J'expliquais à qui voulait l'entendre que François de Rugy avait fait ses preuves en sortant avec brio de sa coquille verte pour devenir président de l'Assemblée nationale. Et lui-même pensait qu'il fallait arrêter de mettre un écologiste à l'Écologie. Mais comment résister à une demande expresse du président de la République ? Hélas, une polémique plus stupide que grave concernant des dîners au homard à la présidence de l'Assemblée nationale a conduit l'ancien écologiste à jeter l'éponge. Je fais partie de ceux qui ont regretté qu'il cède à la pression médiatique pour un fait divers gastronomique anecdotique, car il était adepte des transitions et ouvert au dialogue.

Dès son départ, je repris mon bâton de pèlerin auprès de l'Élysée pour éviter de voir débarquer un autre écologiste comme Pascal Canfin, député européen, ancien directeur du WWF, ou Barbara Pompili, députée de la Somme, tous les deux très écologistes de la vieille école et adeptes de l'écologie punitive. J'utilise toujours la technique du disque rayé en répétant à qui veut bien m'écouter qu'il ne faut plus confier l'Écologie à un écologiste parce que le sujet est trop important et doit être au cœur des décisions publiques des prochaines décennies. Un temps, la nomination d'Élisabeth Borne à la Transition écologique m'a fait croire avoir gagné la bataille.

Hélas, j'ai été consterné en découvrant le grand retour d'une écologiste aux responsabilités, avec Barbara Pompili. Son intolérance notoire se manifestait surtout à l'égard des chasseurs et des ruraux. J'ai immédiatement pensé à une récidive avec une erreur de casting d'autant plus grande que le choix de la secrétaire d'État à la Biodiversité, Bérangère Abba, a été dramatique. Cette dernière fit l'objet d'un boycott de la part des principales organisations rurales et tous les arbitrages ont été négociés ailleurs que dans son bureau. Elle ne fut pas reconduite dans ses fonctions ministérielles ni législatives.

Par un étrange aveuglement, le parti de l'ancien Premier ministre Édouard Philippe lui a proposé une reconversion bénévole comme porte-parole « ruralité », alors que sa grande spécialité était surtout de changer d'avis sur tous les sujets sensibles selon l'air du temps, du nucléaire au glyphosate en passant par la chasse et la protection animale. Cela montre une fois encore le peu d'intérêt du maire du Havre pour ce sujet qui concerne pourtant vingt-deux millions de nos concitoyens. Ce type d'erreur peut coûter cher à une élection présidentielle.

Si les polémiques et les ratés ont été évités après la nomination de Barbara Pompili, le président le doit à un groupe de hauts fonctionnaires influents, discrets et très politiques. Le premier, Jacques Azoulay, remarquable directeur de cabinet de Barbara Pompili, est un fidèle du président. Il a limité l'impact et a su accompagner tous les virages à cent quatre-vingts degrés de la ministre sur le nucléaire, les pesticides et autres sujets sensibles, sans faire de vagues.

Pour cela, il s'est appuyé sur deux chefs de pôle qui ont la confiance du président et du Premier ministre. Tout d'abord Paul Delduc, chef du pôle « écologie, énergie, transport et agriculture » du président de la République au cours de cette période, remplacé aujourd'hui par un conseiller tout aussi pragmatique, Benoît Faraco. L'autre homme de l'ombre, chef du même pôle, mais à Matignon auprès du Premier ministre, est Antoine Pellion.

Depuis le 20 mai 2022, Pellion est devenu le premier secrétaire général à la planification écologique et énergétique. Cette nouvelle fonction marque le vrai tournant écologique du président de la République. En plaçant tous les ministres sous tutelle de ce secrétariat général rattaché au Premier ministre pour toutes leurs politiques environnementales, climatiques et biodiversitaires, un pas de géant est fait pour agir avec cohérence. Désormais, la Première ministre est garante de tous les arbitrages interministériels avec un véritable outil d'évaluation. Et la fonction occupée par Antoine Pellion donne une très grande lisibilité aux choix écologiques d'Emmanuel Macron. Il est pour moi le véritable vice-Premier ministre de la Transition écologique dont rêvait Nicolas Hulot, en cent fois plus pragmatique et travailleur.

L'Agenda rural d'Édouard Philippe

Lorsque j'arrive à Eppe-Sauvage le 20 septembre 2019 avec mon bras droit Adrien Van de Wiele, je découvre un petit village de deux cent soixante-quinze habitants. Ici, dans le Nord, le monde rural est si différent de celui d'où je viens. Des champs de betteraves s'étendent à perte de vue. Partout, des maisons en briques rouges jalonnent le paysage. Une multitude de routes, petites ou grandes, sont constamment empruntées par des voitures dans tous les sens, signe d'une intense activité économique et d'un nombre élevé d'habitants. Dans mon Jura natal, il y a beaucoup plus de vaches que d'habitants au kilomètre carré et les forêts et les prairies sont les paysages dominants.

Ce matin, à huit heures, le temps est conforme à ma vision du Nord : gris et humide. La présence des gendarmes et des motards en bordure des ronds-points donne une précieuse indication sur l'arrivée imminente d'une personnalité importante dans ce coin perdu à la limite de la frontière belge.

Nous sommes en réalité sur une base de loisirs dotée d'un grand lac et d'une forêt magnifique. Cela contraste avec les mornes plaines envahies par des champs d'éoliennes que nous avons traversées pour venir depuis Paris. Je retrouve une nature certes périurbaine, mais plus compatible avec ma vision de la campagne. Décidément, la ruralité doit se décliner au pluriel.

La réunion est importante. L'assemblée générale de l'Association des maires ruraux de France (AMRF), la petite sœur rurale de l'Association des maires de France, va s'ouvrir. Le Premier ministre, Édouard Philippe, est annoncé d'ici une heure et doit présenter l'Agenda rural, avec cent soixante-treize mesures pour redynamiser la vie quotidienne dans nos campagnes.

Ce catalogue impressionnant de mesures concrètes validées par le gouvernement a fait l'objet d'une coproduction avec des maires ruraux de l'association et des parlementaires. C'est mon ami Laurent Carrié, conseiller « ruralité et Corse » du Premier ministre, qui a eu la lourde responsabilité de la coordination et ensuite des arbitrages interministériels. Compte tenu de ma proximité avec le président de la République sur ces sujets, nous faisions régulièrement le point en toute franchise. Il a souhaité que je sois présent et je suis là avec plaisir pour écouter la bonne parole rurale – non sans scepticisme, je dois l'avouer. Le rapport des élus ruraux qui a servi de base à l'Agenda rural présente deux cents mesures à mettre en œuvre que le gouvernement vient d'arbitrer pour en conserver cent soixante-treize. J'avais rappelé au conseiller du Premier ministre dans son bureau de Matignon ce vieux dicton rural plein de bon sens : « Qui trop embrasse mal étreint. »

Je savais qu'un programme avec autant de mesures s'apparentait à un véritable catalogue à la Prévert rendant inaudible une stratégie destinée à changer la vie quotidienne des ruraux. Hélas, la culture technocratique du

Premier ministre Édouard Philippe, mais aussi la demande obsessionnelle des maires ruraux d'en avoir toujours plus, a conduit à cette annonce politiquement et médiatiquement inexploitable. Voyant que j'avais perdu le match, je me suis concentré sur le slogan de la campagne de promotion de l'Agenda rural par le Premier ministre. Là, je suis convaincant sans trop de difficultés, car Laurent Carrié, Toulousain passionné du monde rural, apprécie mon sens de la formule.

L'ancien trotskiste que je suis a répété jadis des centaines de fois dans les meetings paysans qu'il faut tout faire pour « vivre et travailler au pays ». Nous étions dans les années 1970 et nous parlions uniquement des paysans dans une période où l'on vidait les campagnes de leurs forces vives pour les envoyer travailler en ville.

J'ai donc proposé à Laurent Carrié de recycler ce slogan post-soixante-huitard totalement dépassé pour le rajeunir en « Vivre et travailler dans nos campagnes ». L'objectif étant d'élargir le spectre des personnes concernées pour parler des travailleurs comme des retraités, des habitants à l'année comme des résidents de passage. À ma grande surprise, Édouard Philippe a validé le slogan, qui a été inscrit dans le dossier de presse et qui est toujours autant d'actualité plusieurs années après.

À Eppe-Sauvage, après un très beau discours d'Édouard Philippe et un échange très studieux sur des questions techniques d'élus locaux, je suis resté sur mon sentiment d'un programme illisible. Pendant les deux années suivantes, les préfets de département ont dû produire fréquemment des rapports d'étapes n'offrant aucune lecture politique et encore moins de lecture pour nos concitoyens. Beaucoup de parlementaires dans leurs circonscriptions rurales n'ont presque jamais mis en valeur cet Agenda rural, comme s'ils en avaient un peu honte et qu'ils considéraient que personne ne le comprendrait.

Pourtant, le Premier ministre a honoré sa promesse de tenir deux comités interministériels aux ruralités par an, comme le demandait le président de la République. J'avais passé mon temps à alerter les équipes de l'Élysée et de Matignon sur le fait que se focaliser uniquement sur les maires comme le souhaitait la ministre de la Cohésion des territoires, Jacqueline Gourault, ancienne sénatrice, était du gâchis. Quel dommage en effet de ne pas utiliser tous les relais d'opinion du monde rural pour faire valoir ce qui était fait ou en chantier et pour parler aux ruraux et à l'opinion publique en général !

Quelques mois après le lancement de l'Agenda, le directeur de l'Association des maires ruraux me téléphonait régulièrement pour critiquer les mesures et leur application comme si lui et son association n'en avaient jamais été coauteurs. Ils critiquaient leurs propres apports !

Hélas, le Covid a tué toutes les initiatives autour de la thématique rurale qu'envisageait le président de la République. Il avait parfaitement vu se refermer le piège que constituait ce catalogue pléthorique. Il voulait donner un coup de projecteur fort et concret sur une ou deux thématiques concernant la vie quotidienne lors de chaque déplacement volontairement très rural. Nous avions eu l'occasion d'échanger à plusieurs reprises ensemble sur l'absence de lisibilité des actions engagées en raison de leur nombre et il partageait cette analyse très critique.

Ce qui a marché en revanche, ce sont les thématiques rurales spécifiques comme l'agriculture, l'alimentation et la chasse. La signature politique du président a été visible, et l'opinion publique a constaté les évolutions. Il faut dire que dans ces trois cas les relais d'opinion ont été multiples, sans se limiter aux élus, et des ministres comme Julien Denormandie ou Sébastien Lecornu ont fait preuve de pédagogie. Avec efficacité, tous les réseaux associatifs, syndicaux, les influenceurs et les leaders d'opinion ont été nourris d'informations leur permettant ainsi de s'approprier les changements. Dans le monde de la chasse, qui est un bon exemple de réseau rural efficace, même les assemblées générales annuelles des fédérations ont fait l'objet d'une exploitation spécifique détaillée avant, pendant et après les réformes, avec implication des préfets.

Jean Castex, un Premier ministre rural et fier de l'être

Les trous dans la raquette de la communication en matière de ruralité sont nombreux. Le président veut y mettre fin car il est conscient de l'aggravation de la fracture sur ce thème et parce que le Rassemblement national continue d'en bénéficier.

La nomination de Jean Castex au poste de Premier ministre, en juillet 2020, change la perspective. Énarque mais aussi provincial assumé avec un accent chantant, il a été jusque-là maire de Prades, dans les Pyrénées-Orientales. Passionné par le monde rural et remarquable pédagogue, Castex est le contrepied parfait de son prédécesseur maire du Havre, dont la culture technocratique s'exprime à plein, en bon fidèle d'Alain Juppé.

Pour tenter de rattraper le retard, le président accepte de créer enfin un poste de secrétaire d'État à la Ruralité, ce que nous souhaitions depuis 2017 avec François Patriat, sans résultat. Nous préparons une liste raisonnable de personnalités, plutôt des femmes, élues rurales et plutôt jeunes et dynamiques, capables d'assumer le service après-vente de la politique rurale, à la fois sur les plateaux TV et radio et dans tous les départements de France. L'objectif est de parler au grand public. Pas facile.

Finalement, le secrétaire d'État choisi est un homme, plutôt âgé et ayant une redoutable expérience de maire rural avec une culture des comptes publics : Joël Giraud est nommé dans le cadre d'un subtil équilibre politique au sein de la majorité. On est très loin d'un ministre VRP de la ruralité capable de parler aux jeunes comme aux retraités et aux actifs en ayant une approche dynamique. Bien sûr, il fait le job, en déplacement, dans la presse quotidienne régionale et en multipliant les inaugurations en présence des élus locaux. Utile mais insuffisant, car il ne parvient pas à incarner la ruralité dans sa dimension « vie quotidienne ». Encore une fois, on se retrouve dans la situation d'un élu local devenu ministre qui parle à des élus locaux.

Heureusement, le Premier ministre Jean Castex s'implique à fond, par passion et par conviction. Lors de nos tête-à-tête à Matignon, dans son immense bureau, nous cherchons des pistes pour imaginer la deuxième phase de l'Agenda rural. Le discours machiavélique du RN sur la France des oubliés est très efficace dans nos campagnes après les turbulences des Gilets jaunes et le début du Covid. Castex veut coordonner l'action de plusieurs ministres sur la ruralité, notamment Julien Denormandie, Bruno Le Maire, Marc Fesneau, Sébastien Lecornu et Jean-Baptiste Lemoyne. Ils sont disponibles pour orchestrer une véritable polyphonie rurale à plusieurs voix avec le Premier ministre et le président en chefs d'orchestre.

Le retour du Covid brise cet élan mais ouvre une perspective financière. La stratégie du « quoi qu'il en coûte » du président bénéficie en partie au monde rural. La taille des entreprises n'est pas le critère de sauvegarde, et des centaines de milliers de commerçants, d'artisans, d'agriculteurs, de PMI-PME et de professions libérales de nos campagnes sont accompagnés pour supporter la crise sanitaire. Le ministre de l'Économie Bruno Le Maire et son cabinet font tout pour que l'économie rurale, beaucoup plus fragile en raison de la faible taille des structures, survive.

Même l'économie des loisirs de nature, présente dans tout le territoire avec des associations loi 1901 et des entreprises très dynamiques, a surnagé. Ce monde hétéroclite rassemblant l'équitation, la chasse, la pêche, le golf, le VTT, le cyclotourisme, l'escalade ou encore la randonnée est crucial pour le tourisme et pèse l'air de rien pas moins de huit milliards d'euros par an… et il prépare nos médailles olympiques, en prime.

Le président et Laurent Wauquiez, ou le provincial et le Parisien

Janvier 2022. En prévision d'un déplacement rural que le président veut organiser depuis un moment, j'ai des échanges intenses à l'Élysée avec les conseillers pour imaginer la deuxième phase de l'Agenda rural. Je profite d'une audience sur un tout autre sujet avec un industriel pour obtenir un nouveau tête-à-tête avec Emmanuel Macron au débotté. Je sais qu'il est toujours disponible et ouvert sur les sujets ruraux, par SMS ou entre deux portes. Et il s'agace que son image peine tant à se corriger sur ce terrain. Malgré son action résolue, il est encore trop souvent renvoyé à une appartenance urbaine…

Il accepte de me recevoir, et lors de notre dialogue à bâtons rompus, je lui raconte une petite histoire qui selon moi pourrait l'intéresser et qui s'est déroulée il y a quelques années.

Le 23 mars 2018, la Fédération nationale des chasseurs tenait son congrès à Lyon. Pour l'occasion, Laurent Wauquiez – en bon stratège rural – avait mis à disposition les salles de réunion du conseil régional d'Auvergne-Rhône-Alpes. Il était très présent et fit un sans-faute pour séduire les chasseurs. Il faut dire qu'il partait gagnant grâce à un accord promettant une aide financière au secteur en parallèle d'une baisse des subventions aux ONG de protection de la nature – ce qui ne manqua pas de déclencher une polémique médiatique. Wauquiez voulait tellement bien faire qu'il osa me demander la veille, par l'intermédiaire du sénateur Pierre Charron, un ami commun, si je pouvais écrire son discours destiné aux quatre cents dirigeants de la chasse française présents. J'acceptai, même si je fus étonné de cette marque de confiance, dont je ne comprenais pas la raison. On prit date pour une rencontre dans son bureau après avoir partagé un verre avec son équipe et les dirigeants de la FNC. Là, Wauquiez retourna sa chaise pour s'appuyer à califourchon sur le dossier. Je fis de même, comme si nous étions prêts à une joute oratoire ou à un combat de coqs. Bien sûr, je pensais qu'il voulait me parler des grandes lignes du discours que j'avais promis d'écrire. Je me trompais. Un tout autre sujet plus personnel l'intéressait.

Depuis des mois, je tirais à boulets rouges dans les médias sur les déclarations intempestives de Baroin, Larcher et de lui-même sur Emmanuel Macron, qui le présentaient comme « le président des riches et des villes ». Wauquiez était président des Républicains et usait et abusait des tribunes médiatiques pour tenir un discours irrespectueux et mensonger à l'égard du président de la République, un discours qui dérangeait même dans son propre camp. Alors pour ma part, j'avais trouvé une parade qui fonctionnait à merveille dans les médias. J'expliquais aux journalistes que Laurent Wauquiez était un menteur car, contrairement à la légende rhônalpine qu'il essayait d'accréditer, le provincial était bien Macron et le Parisien était assurément Wauquiez. J'illustrais mon propos par des faits bien réels. Emmanuel Macron est né à Amiens et a fait toute sa scolarité dans cette ville jusqu'à ce qu'il monte à Paris pour ses études supérieures, comme beaucoup de provinciaux. En revanche, après un très court passage dans un collège rural, notre ami Laurent Wauquiez était allé vivre à Paris pour ses études secondaires et même supérieures, ce qui dénote une profonde et longue culture urbaine.

Les yeux dans les yeux, à moins d'un demi-mètre l'un de l'autre, il me demanda d'arrêter d'être désobligeant avec lui alors que j'épargnais les deux autres leaders de la droite, selon lui parce qu'ils étaient chasseurs. Il renchérit en m'expliquant avec un enthousiasme plutôt sincère que depuis qu'il était président de la région il faisait énormément de choses pour les chasseurs et les pêcheurs, dont je suis le défenseur. Je ne pus m'empêcher de sourire en lui faisant remarquer que j'ignorais avoir touché une corde si sensible.

Je repris la balle au bond pour lui répondre que j'étais d'accord pour cesser, mais à la seule condition qu'il arrête de parler d'Emmanuel Macron comme d'un président des villes. Wauquiez marqua un temps, puis hocha la tête : « C'est d'accord. »

Ce terrain d'entente établi, j'expliquai à Laurent Wauquiez le discours que j'allais rédiger : son pragmatisme avec les chasseurs et les pêcheurs, sa logique de défense de la biodiversité ordinaire ; et la promotion des valeurs rurales. Nous nous quittâmes, en nous serrant la main pour conclure l'accord et en nous faisant la bise, tout sourire. Le lendemain, son staff n'en revenait toujours pas que le conseiller personnel de Macron écrive son texte. Wauquiez ne modifia pas une ligne de mon discours. Il rajouta seulement une diatribe contre Nicolas Hulot que j'aurais pu rédiger moi-même, tant j'étais d'accord sur son propos. Depuis, j'ai constaté qu'à part un ou deux écarts il a tenu parole. Pour ma part, j'ai fait ce que j'avais promis, en disant seulement beaucoup de mal de Gérard Larcher, souvent aux abonnés absents sur le sujet de la chasse lors des débats au Sénat. J'ai maintenu cette bonne relation avec Laurent Wauquiez, dont on connaît les ambitions présidentielles, pour parler avec lui de ruralité, chasse, pêche et montagne. Aujourd'hui, j'ai même la conviction qu'il est sincère dans sa vision du monde rural comme un monde d'avenir. Je peux aussi reconnaître que sa région est un lieu d'expérimentation grandeur nature et que son bilan est flatteur.

Voilà ce que je raconte au président de la République en janvier 2022, lors de notre entrevue improvisée. Je regarde son visage et décèle dans ses yeux une pointe de tension. Puis il me sourit et me taxe de « mercenaire ». Emmanuel Macron me demande alors avec qui d'autre je suis ainsi lié. Je lui assure que je n'aurais jamais pris un tel risque avec un président de région comme Xavier Bertrand qui a pourtant un bon bilan sur la chasse et la pêche… Mais je lui confie que je l'aurais fait avec plaisir pour Carole Delga, que j'apprécie beaucoup.

La stratégie de reconquête interrompue

Avril 2022 approche. Emmanuel Macron se rend dans le Limousin, dans la Creuse puis en Haute-Vienne les 24 et 25 janvier 2022. C'est une véritable offensive. François Patriat passe de nombreuses heures dans les médias pour expliquer que l'on n'a « jamais autant fait pour nos campagnes depuis des décennies ». Le président affiche des mesures très concrètes. Si le téléphone portable passe beaucoup mieux depuis trois, quatre ans dans nos campagnes, c'est parce que les zones blanches ont fortement diminué grâce à un arbitrage déterminant que l'on doit à l'Élysée et dont Julien Denormandie, alors ministre du Logement, a piloté la mise en œuvre, en 2018. Pour la première fois, l'État a accepté de modifier et de prolonger les licences des opérateurs téléphoniques à la condition de rendre obligatoire une couverture accélérée du territoire national.

Sans la vision de l'État stratège, ni la 4G ou la 5G ni la fibre optique n'auraient pu connaître un tel essor dans des temps records. Bien sûr, il reste encore des zones blanches dans nos territoires ruraux, mais elles se réduisent à grande vitesse. Sans cet accord entre les opérateurs et l'État, les habitants des campagnes auraient encore été lésés.

Il en va de même de plusieurs initiatives d'une grande cohérence en matière d'efficacité des services publics. Il en est ainsi de la création de deux mille maisons « France services ». Elles regroupent tous les services destinés au public pour répondre à toutes les démarches au même endroit et avoir tous les conseils de la même façon.

La pression exercée sur les préfets et les services va conduire à dépasser les objectifs pour atteindre sans doute près de trois mille maisons de services publics. L'objectif est d'avoir une structure collective au minimum par canton, comme l'avait souhaité le président de la République en 2019. Cela compense les gaffes de Stanislas Guerini, trop prompt comme ministre de la Fonction publique à affirmer que tout va pour le mieux dans le meilleur des mondes ruraux.

Des ministres qui parlent enfin de la vie quotidienne

Avec François Patriat et quelques autres chantres de la ruralité, nous avons gagné la bataille de la création du ministère, mais pas celle qui consiste à changer la vie quotidienne des habitants.

La priorité de Jacqueline Gourault, ministre de la Cohésion des territoires, était de mobiliser les élus, tous les élus et encore les élus, avec des réformes institutionnelles comme plat principal indigeste. Elle était dans la ligne de son parti, pour lequel le maillage territorial est essentiel.

Joël Giraud, le secrétaire d'État à la Ruralité, avait son bureau à moins de six cents mètres du mien dans la rue de Varenne et était presque mon voisin. Nous avons partagé quelques cafés, mais il avait l'intime conviction que les inaugurations quotidiennes dans les départements, les rubans coupés et les interviews dans la presse quotidienne régionale suffisaient amplement à la tâche du ministre. Il avait le rythme de travail d'un fonctionnaire du XIXe siècle, à l'ère du numérique. Venu dans ma commune à Tourtour, sans m'en aviser, il apprécia les spécialités des restaurateurs qui eurent tôt fait de m'avertir de cette escapade. Le secrétaire d'État gêné m'invita à déjeuner la semaine suivante à Paris, en accusant le préfet d'avoir dit que je ne m'entendais pas avec le maire de ma commune et que l'on ne pouvait pas nous mettre tous les deux à la même table. Tout était faux mais démontrait son peu de sérieux.

Dominique Faure, qui lui a succédé, est ministre chargée des Collectivités territoriales et de la Ruralité. Les premiers mois, j'ai bien cru qu'elle était un copier-coller de notre député des Hautes-Alpes, avec comme seule nuance qu'elle était beaucoup plus dynamique et volontaire.

Je constate que, venant du privé, tout en ayant une sérieuse expérience d'élue locale en Haute-Garonne, elle a un regard plus critique sur l'Agenda rural et son catalogue illisible de cent soixante-treize mesures, ou sur le fait que l'on adore ne parler qu'aux élus, qui eux-mêmes râlent très souvent.

Pour être exact, il faut reconnaître que lorsqu'une mesure fonctionne, les élus affichent leur satisfaction en expliquant que c'est grâce à eux, et dans le cas contraire, c'est toujours la faute du gouvernement.

Malgré un long retard au démarrage depuis son arrivée il y a douze mois, j'ai l'impression que sous l'impulsion d'Emmanuel Macron le bon sens est enfin de retour au sein du gouvernement. J'ai même l'idée que plusieurs ministres dont celui de la Ruralité vont pouvoir aider dès l'automne le président de la République dans sa reconquête des territoires ruraux et surtout de ceux qui y habitent.

J'adore lorsque les ministres ont la franchise de regarder la réalité en face, et celle des ruraux est d'abord et avant tout un sentiment d'abandon ou de relégation. C'est ce qui fait que la France de nos villages et de nos bourgs vote de plus en plus en direction des extrêmes.

Pourtant, lorsque l'on interroge les Français, 92 % des sondés considèrent les territoires ruraux comme agréables à vivre, contre 72 % en 2018 (Familles rurales, 2018).

Cela veut dire que ceux dont c'est le quotidien ne voient pas l'évolution de la même manière. Pour que chacun comprenne et partage les évolutions, il faut parler « en même temps » à tous les acteurs des ruralités, à savoir les associations, les acteurs économiques et les collectivités territoriales.

L'échec de l'Agenda rural d'Édouard Philippe est donc flagrant, car même les nombreuses actions déjà conduites depuis des années restent en grande partie illisibles.

Lorsque j'ai entendu lors de mon dernier tête-à-tête avec Dominique Faure, la ministre de la Ruralité, que sa volonté était maintenant de construire un plan, nommé France Ruralités, qui s'adresse aux citoyens et à leur vie quotidienne, j'ai dit bravo tout en sachant que rien n'était encore gagné.

Les mesures annoncées dernièrement par la Première ministre Élisabeth Borne et validées par Emmanuel Macron sont excellentes. Village d'avenir consiste à mettre en place une véritable ingénierie dans les villages, qui s'appuie sur la volonté des maires et des projets locaux des forces vives. La mise en place d'une reconnaissance des aménités rurales qui conforte le maintien de la biodiversité ordinaire dans nos campagnes est une attente forte au moment où l'on parle de la transition écologique, car les communes rurales apportent des solutions réalistes.

La stratégie du dernier kilomètre pour la mise en œuvre efficace des politiques publiques, avec les maisons de santé, les guichets uniques et les médicobus par exemple, est une évidence trop longtemps méprisée par ceux qui n'aiment que les grands projets. Il en va de même pour la refonte des zones de revitalisation rurale, qui devient impérative pour attirer les entreprises et les commerces.

Il y a encore quelques grands chantiers sensibles à ouvrir sur les normes rurales à simplifier ou les moratoires sur les contentieux à déclencher, mais on avance dans le bon sens.

Depuis la rentrée, j'ai compris que l'Élysée avait diffusé des consignes explicites aux ministres concernés pour partir à la conquête des ruraux. Le rendez-vous de toutes les forces vives rurales avec Emmanuel Macron a sans doute été un déclencheur efficace. J'ai donc rappelé à la ministre l'évidence de quelques réseaux qui sont ciblés par le président mais encore trop négligés par la ministre de la Ruralité. Prenons l'exemple du réseau chasse qui est organisé, structuré et concerne quatre millions de détenteurs d'un permis, dont un million validés tous les ans. Cela fait quelques centaines de milliers de familles rurales demandeuses d'information sur leur quotidien. De même, l'Alliance des sports et loisirs de nature et ses dix fédérations, qui représente huit millions de licenciés dont la grande majorité sont des ruraux ou des urbains qui viennent dans nos campagnes. Il en va de même des quarante organisations économiques du monde rural signataires du Manifeste pour des ruralités vivantes, qui représentent plus de deux millions de personnes ayant une activité économique directement liée au monde rural.

La sécurité nécessaire dans nos campagnes

En janvier 2023, l'annonce de la création de deux cents nouvelles gendarmeries dans les zones rurales a surpris. La reconquête des terrains perdus de la République est le fil conducteur du président. Néanmoins, personne ne croyait que l'on oserait réinstaller des casernes comme on va rouvrir des sous-préfectures. Dans ce beau pays, la culture du cliquet fait croire que lorsque l'on a fermé quelque chose on ne peut plus le rouvrir. Cette annonce est donc un geste politique fort, même si le nombre de gendarmeries peut sembler modeste.

Pour faire cette annonce, Emmanuel Macron était à Nice avec à ses côtés Christian Estrosi, qui préside aux destinées de la ville mais aussi de la métropole, dont la caractéristique unique en France est d'avoir un territoire qui part de la mer pour aller se perdre jusqu'à deux mille quatre cents mètres d'altitude, juste au-dessus d'Isola 2000, le long de la frontière italienne. Cette métropole niçoise comprend une zone rurale hors norme, et je sais que Christian Estrosi y est très attaché. On peut être maire de Nice et défenseur inconditionnel de la ruralité, comme il le démontre tous les jours.

Côté sécurité dans les campagnes, il faut reconnaître que le ministre de l'Intérieur Gérald Darmanin est très concerné à titre personnel, sans doute plus qu'aucun autre ministre de l'Intérieur avant lui. Il est très vigilant car il connaît mieux que personne l'impact du sentiment d'insécurité sur le vote des électeurs ruraux et urbains, en particulier dans sa région des Hauts-de-France. Il a dû à de nombreuses reprises garantir l'ordre républicain dans les campagnes, en particulier face aux extrémistes de l'ultragauche et aux écologistes radicaux qui dénoncent les projets de développement, les bassines ou les productions maraîchères. Il a toujours plaidé de concert avec le président de la République pour que les enjeux de sécurité publique tiennent compte de la spécificité rurale avec des propositions adaptées. La création des deux cents brigades va dans ce sens, tout comme le renforcement des missions de police rurale de l'Office français de la biodiversité (OFB), en synergie avec les actions de la gendarmerie nationale. Le président de la République avait d'ailleurs tenu à être personnellement présent à Chamonix le 13 février 2020 pour le lancement de l'OFB. Il avait fermement insisté sur la nécessité pour cet établissement public de conserver sa mission de police rurale et de police de l'environnement, qu'il considère toujours comme sa première mission, y compris sur la chasse et la pêche.

J'ai fréquemment des échanges avec Alexandre Brugère, le très politique directeur de cabinet de Gérald Darmanin, et avec Frédéric Rose, le conseiller sécurité de l'Élysée, sur tous les enjeux de sécurité publique qui concernent spécifiquement nos territoires ruraux. Sur les réformes qui touchent aux armes et qui sont toujours des sujets sensibles, ils ont engagé des actions de bon sens sans jamais se tromper de cible. Nous sommes assez complices, notamment parce que nous avons en commun la défense d'un monde rural populaire et accessoirement l'amour des bêtes. Lors de mes dernières réunions avec Alexandre, le chef d'orchestre du ministre de l'Intérieur, son chien, un petit teckel très joueur, me réclamait sans cesse des caresses. Cela crée des liens…

Pour le chasseur que je suis, la présence d'un chien, même dans un bureau, est une source de plaisir. Plusieurs ministres en ont un à leur côté. Le dernier à m'avoir présenté le sien est Éric Dupond-Moretti, le ministre de la Justice. Il aurait pu aussi me présenter son rapace, car il a longtemps été fauconnier. La rumeur veut que certains clients et amis aient dû garder la bête durant ses plaidoiries…

Le vrai grand débat des élections présidentielles

Ce 22 mars 2022 au matin, dans les couloirs de la Maison de la chimie, à quelques encablures de l'Assemblée nationale, c'est l'effervescence. À vingt jours du premier tour de l'élection présidentielle, les prétendants au mandat suprême sont attendus pour un grand oral organisé à l'occasion du congrès de la Fédération nationale des chasseurs. Bien sûr, de nombreux journalistes sont déjà là, devant un bon café et des croissants. Ils prennent la température des provinciaux montés à Paris pour l'occasion, présidents des fédérations des chasseurs de tous les départements, mais aussi parfois maires et élus régionaux. Les quatre cents délégués sont fidèles au poste. Willy Schraen, le charismatique président de la chasse française, se délecte de voir une telle affluence médiatique. C'est la troisième fois que ce grand oral est organisé par les chasseurs pour la présidentielle, avec le même succès. Cela confirme l'intérêt des politiques pour ce secteur, comme une passion, une valeur rurale et un lieu de synthèse entre l'homme et la nature. Chaque fois j'en ai été l'animateur – un peu provocateur, je le reconnais volontiers –, qui questionne les candidats et fait réagir la salle. J'essaie toujours d'avoir de la légèreté et du recul pour que les candidats soient à l'aise mais parlent franchement, sans langue de bois.

Willy Schraen et moi avons fait le choix totalement assumé d'écarter deux des prétendants : Jean-Luc Mélenchon et Yannick Jadot, décision expliquée le matin même sur France Info. Nous refusions d'assurer la promotion de ceux qui rejettent tout dialogue depuis des années et qui nous crachent dessus en permanence dans les médias.

Le cas du candidat des Verts est révélateur. Depuis plusieurs mois, il parle systématiquement de la chasse dans presque toutes ses interviews. Sans nuance, il réclame l'interdiction de la chasse le dimanche, les jours fériés et durant les congés scolaires. Dans le même temps, il refuse tout contact avec la Fédération nationale et répéte partout que « la nature appartient à tout le monde ». Notre grand dadais vert doit toujours croire, en candidat hors-sol qu'il est, que nous vivons dans un grand kolkhoze où l'on peut se promener partout parce que l'on est chez soi partout. Mais, en France, la propriété privée a un sens, et c'est même un des acquis de la Révolution française – et non de la révolution bolchevique. C'est surtout une réalité bien concrète, car près de quatre-vingt-dix pour cent des espaces agricoles et forestiers ont un propriétaire privé. Raison pour laquelle nous avons un territoire très diversifié et bien entretenu, avec des paysages magnifiques, fruit du travail de femmes et d'hommes depuis des générations. Inutile donc de l'inviter pour entendre dire des inepties.

Mélenchon, quant à lui, m'avait dit, lors d'une rencontre de nombreuses années auparavant, ne jamais vouloir travailler avec les chasseurs. Selon lui, ce milieu était celui des fachos. Il refusait d'admettre que ce monde rassemble tous les horizons politiques. Son absence à la Maison de la chimie va donc de soi.

L'intervention de chaque candidat a été préparée dans les semaines précédentes. Au téléphone, ou lors de brèves rencontres, je leur ai fourni un prêt-à-penser comme document de travail. En parfait accord avec mon ami Willy, nous avons abordé les réformes liées à la chasse, mais nous voulions comprendre la vision globale des candidats sur le rôle et la place des chasseurs dans la défense de la biodiversité et dans les politiques rurales. Presque tous avaient accepté cette phase préparatoire, y compris Emmanuel Macron, alors qu'il n'était pas très disponible en raison des urgences internationales – la guerre en Ukraine était dans tous les esprits.

Cinq ans auparavant, le président avait fait un tabac. Cette fois, il serait représenté par Marc Fesneau. Comme à son habitude, Marine Le Pen avait décliné et envoyé un expert, ancien président d'une fédération de chasseurs. Elle avait déjà refusé l'invitation la fois précédente. Seul Jean Marie Le Pen avait eu la volonté de parler aux ruraux à travers les chasseurs lors du premier grand oral. Pour la candidate du Rassemblement national, le dilemme est permanent entre les électeurs de la France des oubliés originaires des campagnes et les électeurs urbains sensibles à la protection animale. A-t-elle peur de déplaire à Brigitte Bardot, qui ne manque pas une occasion de rappeler sa proximité avec l'extrême droite ?

Ce jour-là, la ruralité est au cœur des interventions de quatre des candidats. Notre pari est gagné. Fabien Roussel, le candidat du Parti communiste, seul représentant de la gauche, fait un tabac. Sa défense des gens heureux dans les campagnes qui peuvent chasser, manger de la viande et faire des barbecues, a provoqué des soupirs de plaisir. Debout devant son pupitre, il affirme placidement : « J'en ai assez d'entendre caricaturer la chasse et les chasseurs. » Puis avec une colère non dissimulée, il dénonce les Verts qui veulent « interdire, interdire, interdire et qui n'ont que ce mot à la bouche, pour parler de la chasse, des voitures, de la viande, des sapins de Noël et du Tour de France ». Tonnerre d'applaudissements. Les quatre cents délégués lui font une ovation.

Valérie Pécresse et Éric Zemmour font à leur tour l'apologie de la chasse comme élément fort du monde rural. Ils ont la même proposition de créer un grand ministère de la Ruralité englobant l'agriculture et la chasse. Une idée partagée par Jean Lassalle, dont la présence tient plus du show médiatique tourné autour de sa personne que du fond de son intervention décousue. Au fil des débats, je retrouve des arguments que nous avançons depuis des années. Un sourire intérieur me gagne.

Mais l'après-midi, c'est la douche froide. Marc Fesneau, représentant le président, monte sur scène. Sous pression, il se contente de lire un texte. Son débit est trop rapide, ennuyeux. Willy Schraen intervient en lui demandant de parler plus directement. Cela affole l'orateur qui accélère encore son débit et déclenche un bruissement de colère de la salle. À mon tour, je tente de lui venir en aide. Mais la bronca est lancée. Les sifflets fusent, y compris contre moi, ce qui est une grande première.

J'en suis d'autant plus malheureux que le texte du ministre est d'une précision d'orfèvre, avec un rappel de tout ce qui a été fait et de tous les engagements à prendre pour le prochain mandat. Pire : je suis l'auteur de ce très long discours et j'ai fait le nécessaire avec l'aide précieuse d'Anne de Bayser, remarquable coordinatrice de la campagne, pour que tout soit personnellement validé par Emmanuel Macron. Un fiasco alors que tout aurait dû valoir une ovation au président s'il avait été là… Je suis sorti de ma neutralité. Je le paie cher.

Après quelques minutes, je peux reprendre la salle en main, en plaisantant sur ma sortie de route. La manifestation reste un succès, car la chasse était à sa place dans le débat présidentiel sur des thèmes de ruralité et de biodiversité.

Une interview pro-Macron

J'avais annoncé à la tribune en début de journée que, conformément à nos principes, la Fédération nationale des chasseurs ne soutiendrait aucun candidat et que nous diffuserions les positions de chacun à l'ensemble des fédérations. Avec le président de la Fédération, nous avons scrupuleusement respecté cette règle, et la FNC, comme à son habitude, n'a pas donné de consigne de vote.

À titre personnel, j'avais négocié depuis plusieurs semaines une interview exclusive dans *Le Parisien-Aujourd'hui en France* avec un journaliste politique que j'apprécie beaucoup, Marcelo Wesfreid, qui suit pour son journal la campagne d'Emmanuel Macron.

L'objet de l'interview est un appel personnel de Willy Schraen à voter pour Emmanuel Macron dès le premier tour. C'est osé, mais cela doit être fait sans le moindre état d'âme au regard de son exceptionnel bilan sur la chasse et de son courage à assumer la défense des ruraux stigmatisés par une partie de la classe politique et des médias.

Le jour de l'interview, Marcelo Wesfreid nous retrouve dans une pizzeria en face des locaux de la FNC à Issy-les-Moulineaux. Comme à son habitude, le président des chasseurs est brut de décoffrage, comme il sait le faire avec habileté. Il tire à boulets rouges sur Jean-Luc Mélenchon et Yannick Jadot, mais aussi et surtout sur Marine Le Pen pour dénoncer sa proximité avec les animalistes. En parlant d'Emmanuel Macron, il affirme, sans la moindre hésitation et avec une forme d'admiration : « Il ne m'a jamais déçu. [...] J'ai sa parole. » Même mon ami journaliste n'en demande pas tant. Il déclare alors sans la moindre ambiguïté : « Je voterai Emmanuel Macron dès le premier tour. » Comme d'habitude, Willy Schraen, en bon stratège, savait parfaitement assumer ses choix.

Tous les médias reprennent cette annonce qui en surprend beaucoup. La presse quotidienne régionale, qui est notre cible première, et surtout tous les réseaux ruraux s'en font l'écho sur tous les sites et dans tous les médias de proximité.

Dans les vingt-quatre heures, j'ai tous les candidats ou leurs proches conseillers au téléphone. Ils dénoncent, sans être franchement agressifs, mes méthodes de voyous au service du président sortant. À chacun je réponds avec humour que je suis formaté depuis trente ans pour aider celui qui va gagner…

À ma grande surprise, personne ne m'en veut vraiment, ni dans le monde politique ni dans le monde de la chasse. Ils ont toujours été habitués à ce que je choisisse mon camp très tôt au nom de l'intérêt supérieur de nos terroirs.

Des oppositions à l'écoute

Le 4 mai 2023, j'ai répondu à une interview dans *Valeurs actuelles* pour revendiquer le fait qu'« il était temps que l'on affiche haut et fort nos valeurs rurales ».

Bien sûr, j'en profitais pour annoncer la sortie à l'automne d'un livre sur mon parcours de défenseur de la ruralité et la création pour la fin de l'année 2023 d'un think tank pour valoriser « Nos campagnes ». J'ai immédiatement été sollicité par des leaders politiques de l'opposition et quelques ministres amis qui voulaient savoir ce qui se cachait derrière cette annonce. L'hebdo *Marianne* s'en est fait l'écho en expliquant que je cherchais sans doute à me placer pour conduire une liste rurale aux européennes de 2024. Il faut reconnaître que les décisions européennes sont souvent très impactantes pour la vie quotidienne de ceux qui vivent dans nos campagnes. Il devient donc impératif de ne pas laisser la main aux écologistes, surtout lorsqu'ils sont comme Pascal Canfin, président de la commission de l'Environnement du Parlement européen, membre de la majorité présidentielle et ancien directeur du WWF.

D'autres journalistes ont cru déceler une stratégie à plus long terme pour préparer la présidentielle de 2027. Oser annoncer que l'on va parler pendant quatre ans à l'opinion publique de la défense et la promotion de la campagne dans une véritable polyphonie rurale, c'est nécessairement louche.

Pour d'autres encore, c'est à l'évidence pour préparer « une machine de guerre » afin de se mettre au service d'un candidat le moment venu, comme je l'ai toujours fait depuis quatre mandats.

Ce que j'aime beaucoup dans le monde politique et dans celui des médias, c'est leur capacité à prendre leurs désirs pour des réalités et à s'en convaincre sans avoir besoin de faits nouveaux. Je dois avouer que j'en fais souvent bon usage en entretenant volontiers l'ambiguïté.

Bien sûr, j'offre fréquemment des bâtons pour me faire battre, car il est alors facile d'interpréter certains tête-à-tête que j'ai eus, que ce soit avec Fabien Roussel, Éric Ciotti, Laurent Wauquiez, Jean Philippe Tanguy, Sébastien Chenu ou Marion Maréchal. C'est encore plus suspicieux lorsque l'on m'a vu dernièrement dîner dans un restaurant très fréquenté par les politiques et les journalistes avec Jordan Bardella, le président du RN, que j'ai trouvé très sympathique et particulièrement ouvert et pragmatique sur les sujets ruraux alors qu'il est originaire de la banlieue. Si vous ajoutez à cela ma présence le 15 août dernier à la feria de Béziers avec Emmanuelle et Robert Ménard, je peux comprendre que ma passion pour l'électorat rural puisse provoquer des doutes et une suspicion légitime sur mes intentions. C'est d'autant plus facile que j'ai pour principe de ne jamais rien démentir mais de rire aux éclats lorsque je lis des supputations.

Pourtant, ma fidélité personnelle à Emmanuel Macron ne fait aucun doute pour quiconque me connaît bien. Certains savent aussi à quel point j'aime comprendre et bien connaître tous ceux qui vont concourir demain à cette élection, sous réserve qu'ils fassent l'effort de vouloir me rencontrer. Je dis souvent en plaisantant à moitié, pour décrire ma façon de fonctionner, que j'adore être parachuté de l'autre côté des lignes ennemies.

Cela me rassure de savoir que ni Mélenchon ni les Verts ne sont demandeurs d'un dialogue alors que nous aurions sans doute beaucoup de choses à nous dire dans un échange franc et direct.

Sans doute n'aiment-ils pas les anciens trotskistes devenus des passionnés de nature, de campagne et de jardinage.

12.
Les jardins de nos vies

Lorsqu'il habitait à Sochaux, mon père louait un jardin ouvrier. Je l'y accompagnais sans grand intérêt, car je préférais aller courir en forêt et observer des animaux sauvages. Mais je voyais bien le plaisir qu'il prenait à travailler la terre. Je le sentais heureux de voir son labeur récompensé avec les légumes qu'il rapportait, éprouvant la fierté du devoir accompli.

La gloire de mon père

Pendant mon stage de fin de seconde que j'ai évoqué au début de ce livre, le fermier et sa femme m'avaient un jour confié le désherbage manuel et sans produits chimiques du gigantesque jardin qu'ils avaient dans un champ à trois kilomètres du village. Le soir, je passais une à deux heures à piocher les pommes de terre, les carottes, les choux, et à butter les haricots verts et les fèves. J'enlevais les mauvaises herbes à la main ou à la binette, au milieu de la nature et toujours seul avec mon vélo. Je me sentais heureux de respirer l'air pur et d'être libre de faire le jardin à mon rythme. C'était surtout pour moi l'opportunité d'observer, rêveur, le ballet des hirondelles et des martinets qui venaient chasser les insectes au-dessus des prés en fin de soirée, passant parfois à moins de cinquante centimètres au-dessus de ma tête.

Je me suis habitué à cette vie au plus près de la terre – les insectes volants, forcés par la pression atmosphérique à évoluer au ras du sol, et les voltigeurs noirs que sont les martinets qui venaient les picorer. J'étais intrigué de les voir monter dans le ciel sans jamais les voir redescendre. Ce n'est que très longtemps après que j'ai compris que si les hirondelles nichent sous les toits des habitations, les grands martinets noirs, quant à eux, disparaissent dans les airs… Depuis ce jardin au milieu des champs, je voyais en effet des groupes de martinets monter de plus en plus haut dans le ciel à l'arrivée de la nuit, jusqu'à s'y évanouir en silence. Je ne savais pas qu'ils avaient la capacité incroyable de dormir en vol à très haute altitude, pour ne se poser qu'en période de reproduction. Comment m'imaginer qu'un oiseau puisse voler plusieurs mois par an sans jamais se poser ? On dit même qu'en dehors de la période des amours un martinet vole quatre-vingt-dix-neuf pour cent de son temps, ce qui représente un vol continu de dix mois minimum.

Être dans un jardin, c'est toujours une expérience au plus près de la nature. Cela a toujours été une évidence pour moi, parce que le jardin est d'abord et avant tout une école d'humilité et de patience, car on ne plante pas que des radis de dix-huit jours. Beaucoup de plantes nécessitent un temps long et des soins permanents, et le côté aléatoire de la production peut désespérer celui qui croit ne pas avoir la main verte. La nature, même domestiquée, comme c'est le cas dans un jardin, nécessite des connaissances qui s'apprennent. On peut néanmoins accélérer cet apprentissage en échangeant avec d'autres jardiniers. La culture orale et le partage nourrissent le monde des passionnés de jardins. Il suffit d'aller aux bourses aux plantes ou chez un pépiniériste pour découvrir des techniques, des petits secrets. La passion du jardin se communique, et personne n'est avare de conseils.

Bien sûr, un jardinier qui se respecte a tendance à planter beaucoup au cas où les conditions ne seraient pas favorables. Et si l'année est bonne, vous vous retrouvez avec une profusion de légumes et de fruits comme jamais vous en aviez eu. Par expérience, je peux vous assurer que lorsque cela se produit, vous vous faites vertement critiquer par votre famille à cause du boulot qu'engendre la récolte abondante. Lorsqu'il faut écosser des dizaines de kilogrammes de haricots verts, je dois reconnaître que ce n'est pas un cadeau. C'est moins compliqué dès que vous avez des courgettes ou des tomates à profusion. Dans ce cas, vous découvrez que votre jardin est un « améliorateur de relations de voisinage », car il vous permet de distribuer légumes et fruits.

En m'installant dans le Haut-Var, non loin des gorges du Verdon, à huit cents mètres d'altitude, mais avec un climat méditerranéen, j'ai vite compris que j'allais devoir réviser tous mes fondamentaux du jardinage. Il a fallu que je m'adapte à un terroir d'une tout autre nature. Ma maison est entourée d'un grand terrain, envahi par la garrigue et les pins maritimes. Je me suis dit que jardiner allait demander un travail titanesque. Seize ans plus tard, je n'ai pas ménagé mes efforts.

Comme je partage ma semaine entre Paris et la Haute-Provence, il a fallu imaginer une organisation qui permette d'arroser le jardin même en mon absence. Ici, pas de dilettantisme, sinon tout brûle au soleil. Les plantes ont besoin d'eau et le climat méditerranéen a des règles qui ne pardonnent pas si elles ne sont pas respectées.

Aujourd'hui, tous mes amis et celles et ceux qui viennent nous voir dans notre montagne varoise se font un plaisir de visiter le jardin. C'est un passage obligé ; un véritable lieu de vie au même titre que les pièces de la maison.

La première tâche que je me suis donnée dans ce jardin a été de commander au fil des années cent cinquante tonnes de pierres taillées sur une face pour construire des restanques, ces murs de pierres sèches typiques de la Provence. Construits depuis des siècles sans la moindre goutte de ciment, ces murs servent à retenir la terre et à transformer les terrains très pentus en terrasses plus hospitalières. Lorsque l'on se promène dans les forêts méditerranéennes, on découvre encore ces murs de pierres sèches qui illustrent le fait que, déjà dans les siècles précédents, le couvert forestier avait fortement disparu. Les collines et les montagnes étaient occupées par les bergers et leurs troupeaux.

Un ami cévenol m'a appris pendant quarante-huit heures à monter des murs avec la patience d'un terrassier. Je m'y prenais très mal au début, puis je me suis amélioré avec le temps, en bon autodidacte que je suis. Lorsque vous soulevez une pierre qui fait entre dix et trente kilos, il n'est pas chose aisée de réussir à la poser en une seule fois sur le mur que vous êtes en train de construire. Elle doit s'emboîter parfaitement avec les autres, en sachant que la base du mur mesure plus d'un mètre de large pour moins de vingt centimètres au sommet. Il faut un socle qui résiste à la pluie, aux tremblements de terre et à la pression de la terre avec le temps.

En quinze ans, j'ai fait de nombreuses restanques, dans mon jardin et dans la propriété. Cela donne un charme aux alentours de la maison.

Ma famille, Cyril et Roland, m'ont aidé dans ce travail de titan. Quand tout fut fini, chacun avait l'impression que le terrain avait depuis toujours cette apparence. Une illusion longue à créer.

Un jardin est une oasis de biodiversité. Il permet d'accueillir des quantités d'insectes, volants ou non, notamment des abeilles et des bourdons qui butinent en permanence d'un massif de fleurs à l'autre, au milieu des légumes. C'est le même spectacle avec de véritables courses-poursuites de papillons de toutes les espèces qui viennent au-dessus de vous lorsque vous piochez ou que vous récoltez des légumes. Quel bonheur de prendre l'apéro sur la terrasse et d'être survolé en permanence par des papillons. En outre, la présence des fleurs, qui engendre celle des insectes, conduit à ce que des oiseaux considèrent votre jardin comme un garde-manger ouvert à toute heure de la journée, pour de belles observations garanties. C'est dans ces moments de plaisir que je pense au petit jardin ouvrier de mon père et que je mesure l'héritage qu'il m'a offert à mon insu.

L'ornithologue est toujours là

Dans le jardin, vingt nichoirs attendent les oiseaux. Ce sont de petites boîtes avec un trou d'accès pour que des mésanges, des sittelles, des grimpereaux ou encore des passereaux s'installent, fassent leur nid et nourrissent leurs jeunes au cours du printemps et de l'été. Lorsqu'on sait que les petits oiseaux comme les mésanges bleues ou huppées chassent les insectes et notamment les chenilles à moins de cinq cents mètres de là où ils nichent, il est facile de leur donner un coup de main astucieux. J'ai donc installé cinq ou six nichoirs différents pour des espèces particulières tout autour de mon jardin. Ils sont accrochés contre des troncs d'arbre à une hauteur suffisante pour que ni les chats ni les autres prédateurs ne puissent leur nuire. Tous les ans, j'assiste au spectacle du nourrissage de l'intérieur, car j'ai placé une caméra sur un de mes nichoirs, juste au-dessus du nid. Cela me permet de faire profiter du spectacle à tous ceux qui viennent visiter mon jardin. Depuis la ponte jusqu'au départ des jeunes, la caméra fonctionne non-stop et livre la vie intime des animaux. Les enfants adorent venir dans l'abri de jardin où est installé l'écran qui permet de tout voir et de tout entendre – car il y a aussi un micro – sans être vu et sans déranger.

Pour moi, le jardin ne peut pas se limiter à être l'endroit où l'on récolte de bons produits naturels pour notre consommation personnelle. Nous pouvons nourrir sans problème six personnes et nous apportons donc beaucoup de légumes lorsque nous allons dîner chez des amis, en saison.

Bien sûr, à cela il faut ajouter un très grand jardin aromatique avec une trentaine de variétés différentes de plantes.

Ici, tout est bio. Jamais aucun désherbant ni aucun engrais chimique. J'ai toujours fait ainsi. Bien sûr ça ne veut pas dire que notre jardin ne vit que d'amour et d'eau fraîche. Lorsque vous voulez une production importante, il y a certaines règles à suivre, et la principale est de mettre régulièrement du compost. C'est la meilleure nourriture naturelle qui soit. Un éleveur de brebis, qui a sa bergerie à moins d'un kilomètre de chez nous, nous livre trois pleines remorques de fumier de mouton que je fais mûrir pour avoir du compost au bout de six à huit mois, en le déplaçant deux ou trois fois. Un vrai circuit court.

J'admire ce berger qui, avec sa famille, travaille dur pour s'occuper de ses huit cents brebis, entre des prix aléatoires pour les agneaux et la menace permanente du loup. En hiver, il passe tous les jours le long de mon jardin car il garde lui-même ses moutons. Nous sommes à huit kilomètres de Canjuers, qui est à la fois le plus grand camp militaire d'Europe et le secteur désigné par le journal *Var-Matin* comme « la fabrique de loups », avec quatre meutes qui mettent à leur menu la faune sauvage et les brebis des troupeaux. Depuis des années, j'insiste pour que le grand public comprenne que ce sont les bergers et leurs troupeaux qui garantissent la biodiversité dans nos estives et pas les loups. Il faut donc faire diminuer de façon très importante le nombre de loups dans nos montagnes, car sinon les bergers disparaîtront, tellement leur vie est devenue un enfer au quotidien.

J'aime mon jardin à la Pagnol, mais je ne suis souvent disponible que le week-end pour m'en occuper. Heureusement, Cyril et Roland veillent tous les jours pour vérifier s'il y a des problèmes d'eau ou pour récolter et font les gros travaux d'aménagement. Pour compenser ma faible disponibilité, nous avons trouvé des astuces, et la technologie est d'une incroyable aide. Cyril, le fils de mon épouse, est un inconditionnel de ces technologies modernes applicables au jardin et cela me rend de grands services.

Pour que toutes mes plantations puissent survivre, j'ai privilégié les espèces locales. Et contre les incendies, je m'oblige à couper du bois et à défricher, même hors de la propriété. Je n'oublie pas que nos ancêtres paysans avaient l'obligation d'entretenir les biens communs et la sécurité collective. C'est ce qui fait que je coupe moi-même trente stères de bois par an autour de la maison, à la fois pour le chauffage l'hiver et pour limiter les risques d'incendie.

Pimenter la vie

Une pépinière est une véritable mine pour un jardinier amateur. Celle dans laquelle je m'approvisionne est spécialisée dans les plantes de terre sèche. Même dans le sud de la France, il y a peu de pépiniéristes passionnés qui prennent le risque de se spécialiser, car cela limite le nombre de clients et de produits disponibles. Éduquer les clients afin de les orienter vers les bonnes plantes selon leur terrain et les capacités d'arrosage n'est pas aisé. Cet endroit que j'adore se nomme la pépinière de l'Armalette. Isabelle et Benoît, qui la gèrent, sont d'une gentillesse et d'un professionnalisme hors norme. Ils revendiquent avec justesse le fait d'aider à imaginer un jardin « en liaison avec le paysage alentour ». Leur concept résonne en moi. Tous ceux qui viennent dans notre jardin et dans la propriété ont effectivement l'impression qu'il n'y a aucune différence entre la nature sauvage et l'espace aménagé.

Mes autres amis pépiniéristes, Alexandra et William, m'ont aussi suggéré de construire une serre. C'est maintenant chose faite : huit mètres de longueur et quatre de largeur, installée sur une restanque. C'est magique de pouvoir semer, planter et récolter des salades, des haricots, des betteraves, des petits pois, de l'oseille et d'autres condiments alors que rien ne pousse à l'extérieur. Tous mes copains qui ont une serre m'ont toujours fait cette remarque : c'est la garantie de pouvoir consommer ses propres légumes deux mois avant et deux mois après la période normale. J'avais eu tort d'hésiter.

Le jardin se partage. Aux apéros, avec des amis, les légumes sont rois. Je plante toujours plusieurs pieds de tomates cerises qui sont délicieuses accompagnées d'un bon verre de rosé. Si à cela vous ajoutez des fèves que vous avez plantées en octobre et qui sont récoltées en mai et juin, vous avez là aussi une graine apéritive verte qui est un délice avec ou sans sel. Pareil pour les petits pois crus. Et si toutes les trois semaines vous avez planté des radis, ronds ou longs, vous aurez droit à un apéritif nature qui est plus profitable que les chips. Bien sûr, les petites carottes et les concombres précoces peuvent aussi être d'agréables compléments à vos apéros, et vous pouvez même emmener vos amis les récolter avec vous juste avant de servir le vin.

Tout bien pensé, le vrai plaisir du jardin se trouve aussi ailleurs que dans le sien. Il réside dans la complicité partagée avec les autres jardiniers. Au gré de mes promenades et de mes rencontres, j'ai visité une multitude de jardins. Et chacun d'entre eux exprime le caractère du passionné qui le façonne. Suivant comme il est conçu, entretenu et organisé, c'est un indice de patience, d'hédonisme ou d'ascétisme. Les couleurs et l'ordre de fructification ou de floraison indiquent la gourmandise ou l'utilitarisme. En un mot, un jardin, c'est toute une culture !

13.

Quand l'union des ruraux fait la force

Décembre 1998. Il fait terriblement froid. Un vent glacial balaie la forêt d'Ottrott au pied du mont Sainte-Odile, où je chasse avec mon ami et maître de chasse Gilbert de Turckheim. Aristocrate alsacien d'une gentillesse proverbiale et d'une fidélité sans faille en amitié, il habite non loin de là, dans le manoir de Truttenhausen. Une magnifique bâtisse imposante entourée d'un jardin extraordinaire qui est entretenu avec passion par Marie-Joe, son épouse, grande amatrice d'art.

Nous sommes à portée de cloches d'une très belle abbaye que l'on nomme « le couvent du Mont-Sainte-Odile ». C'est un haut lieu de pèlerinage ou de promenade cher à tous les Alsaciens, croyants ou non. La vue est imprenable sur la plaine d'Alsace et la Forêt-Noire. Gilbert et Marie-Joe de Turckheim sont pour moi une seconde famille, avec leurs enfants, Guillaume et Stéphanie. Nous nous sommes adoptés mutuellement, unis par notre amour inconditionnel pour la nature, pour le jardin, et pour la chasse. Nous sommes tous les deux, Gilbert et moi, des vrais Indiens en forêt et nous partageons aussi notre passion pour la photographie animalière, faite d'approches et d'affûts extraordinaires en

Alsace et dans le Lot. Ce matin-là, nous pensons que le vent va empêcher les sangliers de sortir de la forêt de sapins qui est très dense, juste en face de notre siège d'affût. Nous sommes à quatre mètres de hauteur pour éviter que les animaux sentent notre odeur et s'enfuient, car ils ont un odorat incroyable. Pourtant, juste au lever du jour, une petite troupe de sangliers de toutes les tailles arrive en bordure de prairie. Je dois faire vite, car ils n'aiment pas le vent et se méfient. Une laie adulte qui a de l'expérience lève en permanence la tête et son groin pour capter les odeurs. Je choisis très vite un petit mâle de cinquante kilos qui sera idéal pour être mangé à Noël en famille. Je tire sans hésiter après avoir attendu qu'il soit seul pour ne blesser aucun autre sanglier. Il s'écroule sur place, frappé par la balle bien placée pour qu'il meure immédiatement. Toute la bande s'enfuit et nous allons chercher l'animal en étant si heureux de bouger enfin, car le froid nous engourdissait. Nous nous réchauffons et rapportons notre sanglier vers le 4 × 4. Arrivé à la chambre froide, installée dans une grange à côté du manoir, je m'occupe de découper l'animal. Puis, nous reprenons notre conversation de la veille au soir sur l'urgence d'une stratégie collective pour défendre nos intérêts de ruraux.

Gilbert insiste depuis des mois pour que je comprenne que la meilleure défense, c'est l'attaque, et que celle-ci doit être groupée face à la menace de Natura 2000. Depuis des années, il fait le constat alarmant du manque d'esprit collectif des ruraux et de leurs représentants, qui voient chacun midi à sa porte. Il a l'intime conviction qu'il faut mobiliser les chasseurs, les forestiers, les propriétaires ruraux, les agriculteurs et des élus locaux face à la mise en œuvre de la directive Natura 2000, qui vise à interdire certaines de nos pratiques pour mieux protéger des zones identifiées sans concertation.

Tandis que j'enlève la peau de l'animal, il m'explique avec force détails ce qu'il a fait depuis 1997 pour mobiliser tous les ruraux, avec pour résultat l'impression désespérante que l'urgence, c'est pour les autres. Je le sens dépité car il a mis une énergie folle pour que tous nous parlions ensemble au sein d'un groupe qui se nommera le Groupe des 9 et qui sera l'ancêtre de nos collectifs de 2023.

Le Groupe des 9 organisations rurales

Face à une menace européenne sur la directive Natura 2000 censée mettre en place des zones protégées avec des interdictions de transformation des prairies et champs, de nouvelles interdictions de chasse sur certaines espèces, pas forcément menacées, Gilbert de Turckheim a l'idée de créer en 1999 un collectif rural nommé Groupe des 9. Il fédère les principales organisations agricoles, de la chasse, de la pêche, de la forêt, ainsi que la propriété rurale privée. Nous parlons d'une seule voix pour la première fois entre ruraux. Nous plaidons pour que les contraintes de gestion des territoires soient le plus faibles possible et que l'on respecte les activités à la fois économiques et récréatives. Nous refusons que les maires ruraux soient pris en otages dans un nouveau carcan administratif européen.

Très vite, je dois constater qu'au-delà du monde de la chasse nos alliés ruraux manquent de motivation pour engager une stratégie collective dans la durée. Tout le monde est d'accord pour agir sur l'instant, face à la menace. Néanmoins, personne ne veut construire une maison commune pour défendre la ruralité. Il est trop tôt, la conscience rurale est encore peu développée, nous sommes trop en avance. De plus, le Groupe des 9 perdra sa raison d'être une fois trouvés les compromis. Après le temps fort de la présidentielle de 2002, durant laquelle la chasse et la ruralité avaient été plus à l'honneur que l'agriculture, le lobby agricole a décidé de reprendre la main. Ils veulent une promotion de la ruralité très agricolo-agricole. Pour ce faire, ils créent donc des collectifs ruraux à leur botte et s'appliquent à faire disparaître ceux qu'ils ne maîtrisent pas. C'est le grand retour du discours paysan, simple et efficace, que les leaders tiennent fréquemment auprès des politiques et dans les médias. Ils affirment partout : « La ruralité, c'est nous, on s'en occupe ; alors circulez, il n'y a rien à voir. »

Cette erreur tactique a conduit à l'oubli de la ruralité au profit exclusif de l'agriculture. Hélas, les attentats terroristes de 2015 ont aussi conduit à faire oublier le monde rural, car les enjeux sécuritaires étaient la priorité absolue. Ensuite, comme un grand retour de balancier, toutes les politiques se sont tournées à nouveau vers les banlieues. En mai 2018, par exemple, ce n'est pas un plan Marshall pour la ruralité qui a failli être annoncé, mais un énième plan « banlieues » préparé par l'ancien ministre de la Ville Jean-Louis Borloo avec un montant astronomique de quarante-huit milliards. Son plan, qu'il considérait comme déjà validé par le président de la République, est stoppé en plein vol. Emmanuel Macron dénonce lors d'une réunion publique en présence de l'ancien ministre : « Ça n'aurait aucun sens que deux mâles blancs ne vivant pas dans ces quartiers s'échangent un rapport. » Chez nous on dit pourtant avec un bon sens paysan qu'il ne faut « pas vendre la peau de l'ours avant de l'avoir tué ».

Nos collectifs étaient alors des palliatifs pour maintenir des liens entre les ruraux. Cela n'a pu empêcher la lente dégradation des conditions de vie en milieu rural et périurbain. Tout juste a-t-on pu éviter la perte de tout espoir en limitant les contraintes sur une partie de leurs activités.

Néanmoins, lorsque les collectifs sont très spécialisés, comme celui du Comité Guillaume Tell, cela peut au contraire très bien marcher. C'est la raison pour laquelle il est toujours aussi incontournable depuis plus de deux décennies, parce qu'il ne laisse rien passer et ne demande rien d'impossible. C'est l'autre aspect d'un collectif qui fonctionne, c'est-à-dire savoir faire des compromis dans la durée.

L'Alliance des sports et loisirs de nature

J'ai toujours pensé que le défenseur de la ruralité que je suis pouvait avoir une assistante installée à la campagne. Isabelle travaille de chez elle, dans un petit village du Puy-de-Dôme, à côté d'Ambert. Depuis la fenêtre de son bureau, elle a une vue sur de magnifiques sapins et son bureau est situé à moins de vingt mètres de son jardin, où gambadent des poules. Lorsqu'elles sont au téléphone avec Isabelle, les assistantes des ministres ou de leurs conseillers sont toujours surprises en entendant le chant du coq ou les aboiements des chiens du paysan qui ramène ses vaches pour la traite. Bien avant le Covid, j'ai adopté la même méthode de télétravail depuis la Haute-Provence entre le vendredi et le lundi soir. Ma manière de garder le contact avec le terrain.

Dès la première semaine de confinement, en mars 2020, Isabelle et moi avons installé sur nos appareils toutes les applications nécessaires pour faire des visios avec des journalistes, des clients ou des partenaires. Dans la foulée, j'ai été littéralement harcelé – avec courtoisie mais insistance – par plusieurs de mes amis présidents, vice-présidents ou directeurs des fédérations nationales de sports de loisir, notamment l'équitation, le golf, la chasse et la pêche. Tous voulaient que l'on fasse des réunions en visio pour que l'on imagine au plus vite comment des activités qui se déroulent dans la nature et dans les campagnes pourraient bénéficier de mesures transitoires immédiates. Pascal Grizot pour le golf, Willy Schraen pour la chasse, Frédéric Bouix pour l'équitation et Claude Roustan pour la pêche souhaitaient que je monte au créneau auprès de l'Élysée et de Matignon. Il fallait en même temps faire comprendre la fragilité des économies essentiellement rurales. Pascal Grizot avait eu droit à toutes sortes de critiques parce qu'il plaidait de bonne foi pour le déconfinement progressif des sports de plein air qui ne présentaient pas de risques sanitaires. Le Comité national olympique français, le lobby du sport de haut niveau, ne souhaitait pas de traitement spécifique en faveur du plein air, car ils se foutent éperdument de la ruralité.

Je me suis inspiré de ce que m'avait enseigné mon ami Gilbert, à savoir mettre en place un collectif des sports et loisirs de nature. Si on voulait vraiment être écoutés et surtout entendus, il fallait faire masse. Les licenciés des golfs, des centres équestres, des sociétés de chasse et de pêche, et les VVTistes représentaient quelques millions de passionnés et de grands utilisateurs du monde rural. Avec Pascal Grizot comme caution rassurante pour toutes les fédérations sportives, nous avons même réussi à associer temporairement les fédérations françaises de la voile et du surf. Notre collectif était informel, et nous avons adressé des courriers cosignés par tous les présidents, à destination d'Emmanuel Macron et d'Édouard Philippe. Immédiatement, l'Élysée a répondu présent avec le conseiller sports du président de la République, Cyril Mourin, et celui de Matignon, Fabien Meuris. Ils allaient très vite au-delà de leurs prérogatives sportives pour soutenir nos doléances d'acteurs économiques et associatifs. Ils avaient compris que nous étions capables d'imaginer des solutions avec des protocoles sanitaires adaptés pour nos activités de plein air.

Le lobby du sport olympique ne manqua pas d'aller se plaindre auprès de la ministre de Sports pour dire que nous ne jouions pas collectif. Dès le second confinement, Emmanuel Macron et Jean Castex ont assumé des arbitrages spécifiques pour les activités de pleine nature, au grand mécontentement du lobby du sport.

Et la chasse dans tout ça ? Pour bien comprendre les enjeux, il faut rappeler que les sangliers provoquent chaque année de nombreux dégâts agricoles et des accidents de la route. Le prélèvement de huit cent mille bêtes par an sur tout le territoire, comme le prévoit la réglementation, s'apparente ainsi à une mission d'intérêt général. Mais qui dit confinement dit « pas de chasse ». Les deux lobbies de l'agriculture et de la chasse sont donc montés au créneau pour que la chasse ait lieu du 30 octobre au 15 décembre 2020, et l'autorisation a donc été donnée aux chasseurs de se déplacer en voiture pour aller chasser, uniquement les sangliers, dans un cadre sanitaire très strict.

Pour les autres sports, les dérogations sont arrivées progressivement, en lien avec les contraintes de chaque pratique – les chevaux, par exemple, doivent être soignés et montés tous les jours.

La négociation avec le collectif que je pilotais avec Pascal Grizot, vice-président de la Fédération française de golf à cette époque, a permis au Premier ministre Jean Castex de faire d'excellentes annonces lors de sa conférence de presse du 26 novembre 2020. Il confirma que les sports individuels pourraient être pratiqués dans un rayon de vingt kilomètres et sur une demi-journée : on put dès lors « golfer, pêcher, chasser et faire de l'équitation sans problème », tout en respectant un protocole sanitaire adapté. Nous étions aux anges.

Au lendemain du troisième confinement du 3 avril au 3 mai 2021, nous avons officiellement créé l'Alliance. Une semaine plus tard, le président de la République nous recevait dans son bureau à l'Élysée.

Depuis cette date et après plusieurs rencontres avec les ministres, les parlementaires et des partenaires comme l'ONF, l'Alliance est présidée par Pascal Grizot et j'en suis le secrétaire général. Nous sommes passés de six à dix fédérations après avoir été rejoints par la Fédération française de la montagne et de l'escalade, la Fédération nationale de la plaisance et des pêches en mer, la Fédération française de course d'orientation et par la Fédération française des courses camarguaises. Cela nous permet aujourd'hui d'être identifiés par les ministres, l'Élysée et Matignon comme les porte-voix des huit millions de licenciés parmi les vingt millions de pratiquants. Notre autre force est que le poids économique de ces activités qui se déroulent essentiellement en milieu rural représente à lui seul plus de dix milliards d'euros par an.

Le président de la République Emmanuel Macron a reçu à nouveau l'Alliance en septembre 2023 pour valider un véritable plan d'action pour les sports et loisirs de nature dans un cadre interministériel adapté et au cœur des nouvelles priorités rurales du gouvernement. Le président, qui aime la randonnée, la pêche et le ski, en parle avec bonheur. Il a touché du doigt la multiplicité des contraintes réglementaires qui polluent la vie quotidienne de tous les bénévoles.

Lors des audiences avec les ministres, l'Alliance ouvre régulièrement ses portes aux autres fédérations de loisirs de nature, comme la randonnée et le cyclotourisme. Faire dialoguer et travailler ensemble des organisations pour aboutir à des compromis alors qu'elles s'ignoraient ou se détestaient au niveau national ou départemental est une gageure. Les passionnés de nature connaissent leurs droits mais aussi et surtout leurs devoirs, car la nature n'appartient pas à tout le monde, contrairement à ce que racontent bêtement certains écologistes. Comme je l'ai déjà expliqué dans ce livre, personne ne doit ignorer que, dans la majorité des cas, lorsque l'on se balade, on est chez quelqu'un. D'ailleurs, même dans les forêts publiques, qui sont une petite partie de l'espace forestier, il y a des contraintes spécifiques pour ne pas nuire à la bonne gestion de l'espace. L'Alliance doit donc être l'outil d'une concertation permanente sur le terrain, dans les départements comme au niveau national, pour que chaque utilisateur connaisse le mode d'emploi de la nature et de la campagne avec un profond respect de l'autre et du droit de propriété.

Le Manifeste pour des ruralités vivantes

Christiane Lambert est au téléphone. Dynamique et rugueuse, elle préside la Fédération nationale des syndicats d'exploitants agricoles (FNSEA). Surprise : elle me félicite pour le bon coup de com' de l'Alliance des sports et loisirs de nature avec Emmanuel Macron. Pour aller plus loin, elle souhaite me présenter sa stratégie pour défendre l'économie rurale, en allant au-delà de l'économie agricole et agroalimentaire. Dans un monde d'hommes, la patronne du principal lobby agricole pèse lourd et parle fort. Comment résister à autant de pression au quotidien lorsque l'on défend en même temps des fermes d'élevage de quelques dizaines d'hectares et des fermes céréalières de plusieurs centaines d'hectares, des circuits courts aux productions locales en passant par toutes les filières qui exportent dans le monde entier ? Son énergie force l'admiration.

Éleveuse de porcs dans la région Maine-et-Loire après avoir été éleveuse de vaches dans le Cantal, elle a le syndicalisme dans le sang. J'ai appris à la connaître en ayant eu à négocier avec elle pendant deux ans et demi sur les dégâts agricoles causés par le gibier. Un accord historique initié par l'Élysée a conduit les quatre principales organisations agricoles à signer avec la Fédération nationale des chasseurs des engagements précis pour réduire les surfaces de dégâts provoqués par la faune sauvage dans les cultures agricoles. Cela s'est fait au Salon de l'agriculture, en mars 2023, en présence des deux ministres Marc Fesneau et Bérangère Couillard. Cela représente un montant considérable de quatre-vingts millions d'euros par an versés par les chasseurs pour protéger les cultures et indemniser les pertes des agriculteurs. Avec un tel effort financier sorti directement de la poche des chasseurs, on comprend mieux pourquoi l'État a décidé de contribuer aussi pour accompagner la transition sur trois ans à hauteur du même montant. Au début des négociations l'attaque en règle de Christiane Lambert contre Willy Schraen a été considérée comme une véritable provocation. Affirmer « la chasse, c'est la récré ; l'agriculture, c'est l'économie, alors il n'y a pas photo » était une formulation inutilement insultante alors que les chasseurs payent beaucoup ; finalement, nous avons posé les bases d'un dialogue franc et objectif entre deux mondes qui s'opposent parfois, ce qui prouve que nos démarches collectives et notre culture du compromis sont bien réelles. C'était aussi la démonstration personnelle que les deux « frères » ennemis de la chasse et de l'agriculture, Willy Schraen et Christiane Lambert, pouvaient à nouveau s'asseoir à la même table sans s'invectiver trois ans après, pour parler aussi de ruralité.

Christiane Lambert n'en est pas restée là. Au téléphone, une autre idée la taraude. Elle souhaite m'en parler. Je dois la retrouver en personne. Dans son bureau du sixième étage de l'immeuble de son syndicat, au cœur de Paris, nous sommes loin de nos fermes… Debout, appuyée sur le bureau, elle m'annonce avec le sourire aux lèvres qu'elle lance la rédaction et la signature d'un Manifeste pour des ruralités vivantes, en prévision de la présidentielle et des législatives de 2022. Elle veut faire signer ce manifeste par toutes les organisations économiques installées dans nos campagnes, quelles que soient leurs activités. Soudain, je me rappelle tout le mal que je pensais du syndicalisme majoritaire lorsque j'étais paysan… Aujourd'hui, me voilà copain comme cochon avec la patronne de la FNSEA – une pensée amusante quand on sait que Christiane Lambert est éleveuse de porcs. Je m'approche d'elle et lui fais la bise. Elle est surprise par cet élan amical, qui contraste avec la relation plus que houleuse que nous avons eue jusque-là.

Devant son étonnement, j'éclate de rire en lui expliquant qu'à travers elle le lobby agricole vient d'engager une démarche révolutionnaire que j'attendais depuis trente ans. Faire en sorte que les agriculteurs pensent que la défense de la ruralité n'est plus leur chasse gardée. Comment ne pas être ravi d'entendre que tous les acteurs économiques doivent se regrouper pour peser collectivement si l'on veut vraiment rendre l'économie rurale attractive, alors que l'on étouffe sous le poids de normes insupportables pour des entreprises à taille humaine.

Avec son franc-parler, Christiane Lambert m'explique qu'elle a dû batailler en interne. Maintenant, elle me demande de l'aider dans le positionnement du manifeste. Tout avait déjà été bien préparé par son bras droit, Henri Biès-Péré, vice-président de la FNSEA et surtout président du Groupe monde rural. Elle souhaite aussi que j'arrive à convaincre la Fédération nationale des chasseurs, et l'Alliance des sports et loisirs de nature. Les présidents de toutes les organisations que j'ai consultées ont dit oui après avoir lu le projet de manifeste et ses dix propositions d'urgence pour des ruralités vivantes.

Au bout du compte, plus de quarante organisations rurales de tous les secteurs économiques, de la formation, du loisir, de la santé et des associations d'élus, rejoignent l'initiative après avoir fait délibérer leurs bureaux respectifs. De la Confédération des buralistes aux Domaines skiables de France, de la Fédération des artisans et petites entreprises en milieu rural à l'Union des professions libérales, en passant par l'Assemblée des départements de France et l'Association des petites villes de France, tous ont réagi avec enthousiasme.

Lors d'une rencontre de tous les signataires, le 7 décembre 2021, l'unanimité est trouvée autour de cette initiative de défense de la ruralité. Je mets un point d'honneur à faire saluer les fondateurs de cette maison commune. Il faut obtenir un consensus sur les dix mesures les plus pertinentes pour la relance économique en France dans les zones rurales, car vingt-deux millions d'habitants sont concernés.

Tous ensemble, avec nos masques sur le nez et notre gel dans les poches, nous partageons avec passion et humour le constat que la revitalisation rurale est en route, 80 % des communes rurales étant en croissance démographique. *A contrario*, nous partageons aussi tous le constat de l'urgence de la simplification des normes et du droit à la différence dans des territoires différents, de la nécessité de faciliter l'accès aux services médicaux, éducatifs, aux nouvelles technologies comme à la mobilité, au numérique et à la culture.

Bref, ce manifeste adressé ensuite à tous les responsables politiques en campagne électorale, dans les états-majors nationaux comme dans les circonscriptions, est perçu comme un appel à « vivre et travailler dans nos campagnes ».

J'obtiens que ce manifeste et ses dix mesures phares fassent l'objet d'une intégration dans les éléments de langage du candidat Emmanuel Macron afin de l'inscrire dans la droite ligne de l'Agenda rural. Hélas, la mobilisation internationale du président pour faire face aux conséquences de la guerre en Ukraine ne permettra pas une vraie signature politique du candidat sur ce point. Comme à chaque fois, ce sont les engagements auprès des deux lobbies ruraux organisés de la chasse et de l'agriculture qui seront privilégiés.

Très peu d'autres candidats se sont approprié ces propositions de bon sens. Depuis la fin de la période électorale de 2022, on a vu disparaître la stratégie rurale des différents ministres concernés dans leurs propres compétences, ce qui est une redoutable erreur. Seul le président de la République en personne assume le service après-vente de la politique rurale à chacun de ses déplacements. Il insiste toujours avec habileté sur le volet rural en expliquant ses conséquences sur la vie quotidienne des Français. Il l'a fait avec efficacité à Serre-Ponçon, à propos de l'eau, et sur les feux de forêt en Gironde, mais il faut aller plus loin.

14.
Le temps des expériences

En coupant le moteur de ma voiture en arrivant dans le port de Cannes, ce 5 novembre 2021 à sept heures du matin, je me sens curieux et heureux à la fois. Trop content d'avoir quitté mon bureau parisien, je me délecte de cet air marin sur mon visage. Je m'approche du Zodiac d'une couleur jaune poussin immanquable. L'homme qui s'y tient debout, cheveux au vent, sanglé dans un gilet de sauvetage rouge flambant neuf, m'attend avec impatience : j'ai déjà trente minutes de retard. Jérôme est le jeune directeur d'une ferme aquacole la plus improbable qui soit, installée depuis trente ans au beau milieu de la baie de Cannes. Elle produit six cents tonnes de bars et daurades par an, d'une qualité reconnue par les meilleurs restaurateurs de la Côte d'Azur. J'ai donné mon accord pour visiter cette ferme car j'avais déjà traversé la baie de Golfe-Juan des dizaines de fois sans jamais en deviner l'existence.

Les paysans de la mer

Denis Dumont, fondateur de Grand frais, l'une des enseignes de la grande distribution préférée des Français, m'avait contacté après des années de silence. J'avais été son lobbyiste dans les années 2000 lorsque son enseigne de fruits et légumes avait quelques dizaines de magasins. Depuis, elle faisait de l'ombre aux autres marques, tant elle était appréciée par les consommateurs. Tout était dérangeant pour ses concurrents, avec son concept de fruits et légumes d'une diversité incroyable et des produits de qualité, sa culture des circuits courts et ses magasins annexes proposant un poissonnier, un boulanger et un boucher sur le même site. Lui qui avait commencé comme grossiste à Lyon régnait maintenant sur un empire. Denis Dumont avait investi dans la ferme marine. Il voulait la remettre à flot économiquement. Ma mission était de garantir la pérennité du site.

En montant dans le Zodiac avec Patricia, mon épouse et associée, je me rendais pour la première fois dans une ferme qui n'est pas sur terre. Après dix minutes de bateau, nous sommes au cœur de la baie avec une vue majestueuse à trois cent soixante degrés sur le grand large, sur la Riviera et ses villas somptueuses et sur les sommets des Alpes du Sud. Étrange espace avec une densité urbaine hors norme sur la côte mais offrant une nature sauvage à portée de main.

Une fois sur l'exploitation piscicole d'Aquafrais, je découvre les parcs assez profonds dans lesquels les daurades et les bars vivent, en pleine mer, avec des densités très faibles pour permettre un développement harmonieux des poissons. Jérôme nous explique que la réglementation autorise des densités quatre fois supérieures, mais leur choix est justement d'avoir une faible densité et de laisser les poissons grossir plusieurs mois supplémentaires pour obtenir une qualité incontestable. La rentabilité exige de passer de six cents à mille deux cents tonnes sans augmenter la densité des poissons dans les filets. Il faut donc qu'ils réorganisent complètement leur exploitation. Alors qu'une dizaine de salariés distribuent la nourriture et vérifient l'état des filets, le directeur m'informe que, le matin même, deux bateaux de marins pêcheurs sont venus, comme d'habitude, pêcher non loin de la ferme.

Je pensais que la mission pour permettre l'extension serait aisée. En quelques semaines, j'ai obtenu l'engagement écrit du ministre de la Mer, qui soutenait totalement le projet. De la même façon, j'ai décroché un engagement très clair et très positif du préfet des Alpes-Maritimes, Bertrand Gonzalez. Ce dernier voulait soutenir les projets d'aquaculture dès lors qu'ils respectent les exigences environnementales.

J'ai découvert à cette occasion que ce projet d'extension était le seul sur l'ensemble de la côte méditerranéenne. Pourtant, le besoin est considérable en poissons d'élevage de qualité, dont le potentiel pour le marché français est bien réel.

Curieusement, des parlementaires de droite, grands défenseurs de l'économie locale et pourfendeurs des écologistes, se sont brusquement dressés contre le projet. Leur opposition tenait à une personnalité : le maire de Vallauris. Cet élu, connu pour s'opposer à tout ce qui ne vient pas de lui, avait même affirmé devant les services du préfet n'avoir jamais été informé du projet, sauf par la presse. En réalité, il avait refusé toutes les demandes d'audience de l'entreprise, mais les élus et collaborateurs de la commune hostiles avaient pourtant participé aux réunions d'information. On dit souvent que plus un mensonge est gros, mieux il passe…

Sans le soutien explicite et déterminant du maire de Cannes, David Lisnard, président de l'Association des maires de France (AMF), et du maire d'Antibes, Jean Leonetti, ancien ministre, nous serions allés la tête dans le mur ou dans la mer. Heureusement encore, les pêcheurs professionnels des deux communes, très critiques au début, ont beaucoup évolué au regard de la qualité du projet et du réel savoir-faire de l'entreprise, déjà âgée de trente-cinq ans. Comment était-il possible que les parlementaires refusent tout dialogue sur le développement de l'aquaculture alors que les poissons d'élevage de Jérôme étaient appréciés jusque dans les restaurants étoilés de la Côte d'Azur ? Lorsque j'ai appris qu'un homme influent dans le département, et au niveau national, Éric Ciotti, député, ancien président du conseil départemental et président des Républicains, s'opposait au projet avec ses autres amis parlementaires proches, députés ou sénateurs, mon sang n'a fait qu'un tour. Je ne comprenais pas pourquoi ils se retrouvaient sur la même ligne que les écologistes opposés à tout développement, même respectueux de l'environnement.

L'argument que j'ai entendu de la bouche de l'un des parlementaires m'a profondément sidéré tellement il était ridicule. L'opposition des parlementaires n'était pas liée au projet lui-même, sur lequel ils n'avaient cherché aucune information détaillée, mais au fait qu'il fallait être solidaires par principe dès lors qu'il n'y avait pas l'unanimité des maires du secteur. Pourtant, les mêmes parlementaires m'expliquaient volontiers que le maire en question avait menti sur sa prétendue méconnaissance du projet.

Avec de telles positions de principe particulièrement choquantes, on comprend mieux pourquoi les entreprises et les citoyens ont du mal à faire confiance aux politiques. Pour la petite histoire, si Aquafrais avait fait le choix de s'installer au Portugal plutôt que sur la Côte d'Azur, l'entreprise serait déjà en train de produire des bars et des daurades dans une ferme deux à trois fois plus grande. La raison est simple et de bon sens : l'État portugais a engagé sur certains sites toutes les démarches administratives pour obtenir les autorisations dans l'attente de trouver l'investisseur. En bref, ce qui va au minimum prendre trente-six mois en France, avec beaucoup d'incertitude et sans garantie de résultats, aurait pris trois mois au Portugal avec une garantie à cent pour cent puisque les autorisations sont déjà validées.

Dans ce projet, j'ai dû avancer à front renversé, car ce sont deux maires pragmatiques et cohérents avec leur vision économique et écologique des projets et un préfet courageux et déterminé qui ont fait la différence face à un mur inexplicable. Ainsi, l'administration offrait la preuve qu'elle n'était en rien responsable de nos blocages mais qu'elle avait bien au contraire un vrai rôle de facilitateur. *A contrario*, certains élus ont fait la démonstration qu'ils pouvaient entraver les bonnes volontés.

Contre les pesticides « tueurs d'abeilles »

8 février 2023. Il est huit heures du matin et je viens d'arriver juste devant le Café de l'Esplanade, sur la place des Invalides. L'endroit est habituellement calme, sauf aujourd'hui où j'assiste avec étonnement à un spectacle que je n'ai jamais vu en trente ans. Devant moi, ce sont des dizaines d'énormes tracteurs de toutes les marques et de toutes les couleurs qui arrivent en vrombissant, avec des pancartes accrochées sur les côtés qui en disent long sur la colère de leurs conducteurs. Une bonne centaine de tracteurs sont déjà là, mais les leaders paysans de la Fédération nationale des syndicats d'exploitants agricoles (FNSEA), que je connais bien, m'annoncent qu'ils en attendent six cents, ce qui sera effectivement spectaculaire deux heures plus tard. Toute la place des Invalides sera occupée par des tracteurs jusqu'à la Seine, une manifestation organisée au millimètre près en plein cœur de Paris, qui pourrait faire passer la CGT pour des gentils amateurs.

Les paysans se sont levés aux aurores pour venir de toute l'Île-de-France et des Hauts-de-France avec pour but d'interpeller le ministre de l'Agriculture, Marc Fesneau, et le gouvernement afin que l'on maintienne des dérogations pour l'utilisation d'un pesticide dit néonicotinoïde, que les journalistes ont rebaptisé « tueur d'abeilles ».

Le sujet n'est pas nouveau. Il a défrayé la chronique médiatique et politique, française et européenne, à plusieurs reprises depuis 2015, quand une loi a été votée contre l'usage dudit pesticide.

À la tribune, juchés sur une haute remorque agricole avec l'hôtel des Invalides en fond, les leaders syndicaux puis les principaux responsables politiques de tous bords font de beaux discours pour caresser les céréaliers dans le sens du poil. Les déclarations d'amour aux agriculteurs sont belles, et même Aurore Berger, la présidente du groupe Renaissance à l'Assemblée, proche d'Emmanuel Macron, a le courage de venir faire face aux trois mille céréaliers présents. Elle confirme la volonté politique de la majorité présidentielle de plaider pour des dérogations adaptées aux types de culture, tant que des solutions techniques ne seront pas trouvées.

Christiane Lambert, présidente de la FNSEA et puissance invitante des céréaliers en colère, est très incisive pour défendre la souveraineté alimentaire de notre pays. Mais elle exige aussi que l'on arrête d'interdire les pesticides dès lors qu'il n'y a pas de solution alternative.

En circulant au pied de la remorque, je me rends bien compte que certains responsables agricoles étaient déjà présents lors des débats en 2015 sur l'interdiction des pesticides. Je me dis qu'ils doivent serrer les dents depuis leur tribune improvisée sur la remorque en me voyant déambuler là, vêtu de ma parka bleue visible à deux cents mètres, au milieu de la foule des céréaliers et des dizaines de parlementaires venus les soutenir, avec une présence en force des députés RN. Je circule comme si de rien n'était, discutant avec les journalistes et les politiques sans la moindre gêne ni le moindre remords. Ceux qui sont perchés sur la remorque savent que je suis à l'origine de la bataille parlementaire qui a conduit en 2015 au vote de la loi pour l'interdiction sous cinq ans de l'usage des pesticides dit « tueurs d'abeilles », à une poignée de voix près.

En descendant de la remorque, ils viennent directement sur moi, pour me demander ce que je « fous là ». Ils veulent savoir si c'est par pure provocation ou parce que je manque de mémoire. Le patron des céréaliers m'avoue qu'il a eu envie d'annoncer à la tribune que le responsable de ce « bordel depuis 2015 » était là dans la foule et que sa présence était peut-être un aveu de culpabilité tardif.

En venant volontairement au cœur de la manifestation, juste après avoir bu un café à l'Esplanade, je savais mieux que personne que je prenais le risque de me faire virer *manu militari* par quelques céréaliers revanchards.

Christiane Lambert me fait remarquer en rejoignant ses troupes pour déguster le barbecue qu'il était tentant de me faire subir un affront au regard de ma responsabilité avérée dans la crise provoquée par la loi votée en 2015. Elle sourit en pensant que j'aurais été parfait dans le rôle de l'intrigant démasqué. À ce moment-là, je sens que j'aurais pu subir l'humiliation du goudron et des plumes, même si cette technique est heureusement passée de mode.

Huit ans avant, presque jour pour jour, je quittais mon bureau rue de Varenne pour venir prendre mon café toujours à l'Esplanade. Je venais rencontrer l'un des dirigeants du groupe Bayer, société d'agrochimie, et ses lobbyistes. Ils voulaient comprendre les raisons de mon acharnement à vouloir obtenir l'interdiction des néonicotinoïdes au Parlement. Le sujet défrayait déjà l'actualité depuis quelques mois et je sentais que la rencontre pouvait être délicate, car nous étions radicalement opposés.

J'en avais marre du double langage du lobby agricole. Je m'étais investi sans commande politique particulière dans un lobbying au nom des chasseurs de France pour instaurer une date butoir pour l'interdiction de l'usage des néonicotinoïdes en agriculture. Je savais que notre posture de défenseurs des abeilles rendrait fou le lobby agricole et céréalier. Ils affirmaient que les produits n'étaient pas nocifs s'ils étaient bien employés et surtout qu'il ne pouvait pas y avoir d'interdiction dès lors qu'il n'y avait pas de produits de substitution.

Bayer et ses lobbyistes ne pouvaient comprendre que je soutienne une posture aussi proche de celle des écolos radicaux, d'ordinaire mes ennemis jurés. Au fond du café, je leur avais dit mes raisons : les pesticides brisent la chaîne alimentaire. Ils tuent les insectes, privant ainsi de nourriture les oiseaux puis le gibier… J'ajoutais aussi que si nous réussissions à imposer une date butoir pour l'interdiction, ce serait excellent pour l'image des chasseurs comme défenseurs des abeilles et de la biodiversité. Depuis des mois, les ONG et les apiculteurs s'étaient mobilisés et une pétition avait déjà été signée par plus de six cent mille personnes.

Toutefois, chacun savait que face au lobby agricole et agro-industriel, cette mobilisation citoyenne ne pèserait pas. Notre échange fut dans un premier temps constructif, car l'industriel reconnaissait que si la date d'interdiction était assortie d'une période de transition de cinq ans, cela donnerait le temps nécessaire à la recherche de trouver les solutions adaptées. J'en pris bonne note et me disais intérieurement que j'avais les éléments de langage pour montrer que je n'étais pas un adepte de l'interdiction totale et immédiate, comme en rêvaient les écologistes. Cette discussion me donnait aussi un vrai argumentaire pour aller jusqu'au bout afin d'instaurer une transition sur cinq ans et pas plus.

Nous nous quittâmes bons amis. Nous étions sous un gouvernement de gauche, et Ségolène Royal était déterminée à aboutir à une interdiction avec dérogation, ce qui était une démarche de bon sens comme elle en avait souvent, même si elle était imprévisible. Néanmoins, son cabinet me confirma que la partie n'était pas gagnée à l'Assemblée nationale et qu'elle serait perdue au Sénat. Nous savions tous que le lobby agricole avait une capacité de mobilisation dans tous les partis.

Je fis donc ce que je savais faire le mieux, mobiliser les parlementaires un par un. Les réseaux « chasse » jouaient le jeu, car la dégradation de la biodiversité ordinaire est un constat partagé par tous ceux qui aiment la nature et qui observent sa perte depuis des décennies. Il n'y avait pas besoin d'avoir fait l'ENA ou Sciences-Po pour comprendre que lorsque les insectes disparaissent, que les haies sont arrachées et les mares rebouchées, c'en est fini de la petite faune sauvage de plaine, qu'elle soit ou non chassable.

Deux personnalités ont fortement pesé dans les débats. D'abord Philippe Plisson, député PS de Gironde, président du groupe Chasse et territoire de l'Assemblée nationale, instituteur et passionné de petit gibier. Il était respecté dans son groupe politique et au sein du groupe d'études sur la chasse, qui est le plus grand groupe d'études du Parlement avec toutes les sensibilités politiques.

Mais pour gagner ce combat, il me fallait une personnalité de droite qui ose résister au lobby agricole. David Douillet, député UMP des Yvelines et connu pour son parcours incroyable de judoka, me convoqua dans son bureau de l'Assemblée. Il me dit qu'il avait réfléchi et qu'il voulait livrer et gagner ce combat pour une écologie du bon sens. Il en avait marre des « discours à la con » de ses amis syndicalistes agricoles de droite. Avoir à ses côtés un double médaillé olympique, quatre fois champion du monde, ça donne envie de soulever des montagnes !

Bien sûr, au Sénat, le lobby agricole gagna largement la bataille d'influence, mais à l'Assemblée nationale, c'est à deux voix près que l'interdiction des néonicotinoïdes fut votée. La ministre de l'Écologie comme l'Union des apiculteurs ont immédiatement salué cette belle victoire pour la biodiversité en affirmant sans complexe qu'elle était due à l'efficace mobilisation des fédérations de chasseurs et des députés chasseurs.

Je me délectais de la rage que cela provoquait chez les écologistes, qui, au lieu d'être contents du résultat qui allait dans leur sens, étaient furieux de le devoir à un adversaire. Les gens sectaires ne s'intéressent pas au résultat, mais à qui en profite. Mais c'était le premier vrai combat gagné par le lobby des chasseurs contre le lobby des agriculteurs au nom de la biodiversité.

Xavier Beulin, alors président de la FNSEA, considéra ce résultat comme une provocation de trop. Il annonça que la confiance était rompue entre les organisations et qu'il ne fallait pas s'attendre à ce que le monde agricole fasse des cadeaux aux chasseurs dans les départements.

Après son décès brutal en février 2017, la nouvelle présidente, Christiane Lambert, reprit le même discours, avec une tonalité encore plus ferme, dénonçant le rapprochement des chasseurs avec les écologistes.

Néanmoins, le débat sur les néonicotinoïdes n'a pas fini de revenir en raison de l'absence de solutions alternatives pour certaines cultures comme les betteraves. De débats en débats, les positions ont évolué. Mais l'essentiel reste la protection de la biodiversité et tout ce qui est nécessaire pour maintenir la vie dans les campagnes.

Par goût pour la provocation, ce 8 février 2023, je vais déguster des merguez et des saucisses avec les dirigeants agricoles et les politiques autour d'un barbecue. En partageant ce repas frugal, appuyé sur le mur d'enceinte des Invalides, je me dis que le combat mené avec une poignée d'amis était juste. Pour une fois, l'industriel a perdu la bataille. Notre approche n'était ni idéologique ni dogmatique, nous voulions simplement que l'on mise sur la recherche et le développement pour être au rendez-vous cinq ans plus tard. Or, les investissements n'ont pas été réalisés. Et la question est encore aujourd'hui ouverte.

Demain, avec le réchauffement climatique, il ne faudra pas écarter les expérimentations concernant la modification du génome des plantes pour qu'elles résistent mieux à la sécheresse. Il faudra se méfier des sectaires et des anti-tout qui agiteront l'épouvantail « OGM ». La science n'est pas le problème, au contraire, elle fait partie des solutions selon l'usage que l'on en fait.

Le paradis en Corse

En prenant ce petit chemin de terre, très chaotique à cause des dernières pluies diluviennes, j'ai l'impression d'être au bout du monde. La voiture de location est secouée comme un prunier à cause des rigoles se présentant tous les dix mètres. Il faut rouler au pas. À peine franchi le discret portail du domaine, j'oublie les ornières et la poussière. S'ouvre devant moi un paysage de rêve, en plein maquis corse, juste en bordure d'une mer dont les couleurs azur captivent mon regard. Devant un bâtiment tout en pierres se trouve le propriétaire et fondateur de ce lieu de rêve, Paul Canarelli. L'histoire de ce domaine, c'est d'abord et avant tout une belle aventure familiale : Paul et ses enfants ont construit un modèle de développement d'agrotourisme en Corse.

Le domaine de Murtoli est souvent évoqué dans les journaux. Et pour cause ! Beyoncé y a fêté son anniversaire. Leonardo DiCaprio est venu s'y reposer. Nicolas Sarkozy et Nicolas Hulot ont repris des forces dans ce petit paradis après des périodes de tension. De nombreuses personnalités étrangères et françaises du monde économique, du show-business, du sport, de la recherche et de la littérature viennent dans ce lieu qui pourtant ne ressemble pas du tout à un palace. La discrétion y est garantie, car les bergeries qui forment le domaine sont distantes les unes des autres et l'on peut s'isoler pour se ressourcer. Mais Murtoli ne se résume ni aux personnalités qui y séjournent ni à ses tarifs très élevés.

Après l'accueil, je décide de me promener. Au premier tournant se dresse le lion de Roccapine, un pic rocheux de granit en forme de lion couché, qui domine et semble protéger la vallée de l'Ortolo, du nom de ce fleuve qui serpente entre les montagnes pour se jeter dans la mer juste devant moi.

À perte de vue s'ouvre le domaine de Murtoli, un vaste territoire de deux mille cinq cents hectares d'une beauté déconcertante. Au détour d'un chemin, parmi les dizaines de kilomètres de pistes qui traversent le domaine, vous pouvez croiser quelques-unes des deux cents vaches accompagnées de leurs veaux qui broutent dans les prairies mais aussi en bordure des pistes, juste devant vous. Elles ne craignent pas les voitures, et si elles vous bloquent le passage, vous devrez patienter : vous êtes ici chez elles. Il en va de même pour les sangliers, qui sont tout aussi démonstratifs dans les prairies.

Bien sûr, vous pouvez aussi avoir la chance d'apercevoir la bergère et ses quatre cents moutons d'une race locale. Ce magnifique troupeau permet de produire des fromages d'excellence et un agneau goûteux. Au fil des randonnées, on découvre les vignes sur une dizaine d'hectares qui vont bientôt commencer à produire un vin parfaitement équilibré. Il y a aussi les plantations d'oliviers, déjà en pleine production depuis des années. Avec quelque dix mille arbres, il y a de quoi satisfaire de nombreux consommateurs exigeants avec une huile à l'arôme puissant et généreux. Les layons pour la chasse et le golf de neuf trous bien intégré dans une zone totalement naturelle sont la garantie d'avoir de bons coupe-feu en cas de feux de forêt.

Mais ce lieu est aussi et surtout un modèle presque unique au monde d'un tourisme durable et raisonné avec une vingtaine de bergeries, un hameau, une grotte et une ferme avec des restaurants qui utilisent les produits du domaine grâce à un potager de presque deux hectares, un mégapoulailler de plein air et un jardin de plantes aromatiques, avec la célèbre népéta.

Circuits courts, bio, intégration paysagère, respect du patrimoine et biodiversité garantie ; authenticité et service d'une qualité extrême, tels sont les points forts de ce territoire de nature et de rêve situé sur la commune de Sartène.

Paul Canarelli a hérité de ce domaine de son grand-père en 1993 et il l'a beaucoup agrandi. Depuis, il en a fait un domaine d'exception pour l'agrotourisme et un lieu où tous les aménagements sont réfléchis en intégrant la nature. Les terrasses en bois autour des bergeries ou des restaurants contournent les arbres et les rochers, ce qui fait qu'il n'existe pas une terrasse rectiligne. Cela donne un côté art décoratif assez unique où la nature est présente partout au pied des tables dans les restaurants ou au-dessus de vos têtes dans la grotte. Rien n'est ostentatoire, ce qui vous procure un sentiment de bien-être.

On pourrait penser que ce domaine, avec ses huit kilomètres de plages a toujours été le havre de paix et de biodiversité que l'on connaît aujourd'hui. Mais c'est totalement faux. Ce site a longtemps été occupé tous les étés par des milliers de campeurs, avec tentes et camping-cars qui écrasaient tout sur leur passage. Des dizaines de décharges sauvages s'épanouissaient, car personne ne ramassait rien. Les incendies criminels ou involontaires étaient légion et détruisaient le maquis, faisant disparaître avec eux des espèces végétales et animales rares.

Les plages étaient sales et cela ne créait ni richesse ni emplois. L'ouverture du maquis grâce aux bergeries rénovées, avec des prairies pour le foin et des pâturages pour les troupeaux de vaches et de moutons, des vignes et des oliviers, a complété les coupe-feu utiles pour la chasse l'hiver. Des zones intermédiaires sont ainsi créées, qui sont la garantie d'une biodiversité durable. Aujourd'hui, les passereaux et de nombreuses espèces sont les musiciens du domaine. Quant aux rapaces diurnes et nocturnes, ils planent remarquablement dans le ciel. Le site Natura 2000 qui entoure le fleuve est aujourd'hui un magnifique lieu d'accueil d'une faune et d'une flore riches et diversifiées.

La promenade se poursuit. J'arrive à la ferme. Ce bâtiment magistral est fait de granit et de bois. J'ai rendez-vous avec Paul et ses trois enfants, qui travaillent tous dans le domaine.

Notre rendez-vous n'a rien de bucolique ni de festif. Nous nous rencontrons pour parler de la façon dont il faut réagir face à l'acharnement des médias nationaux et locaux contre Murtoli et son propriétaire. Des affirmations grossières et mensongères, des allusions dommageables risquent de ternir l'image du domaine.

Les polémiques caricaturales sur Murtoli résument la stupidité des écologistes. Ces derniers s'acharnent à coups de plaintes contre tout développement économique, partout en France. Ce domaine et ses contentieux illustrent aussi l'incohérence des normes actuelles dans nos terroirs, qui conduisent à être trop souvent en infraction au Code de l'urbanisme. De quoi s'agit-il ? Mes amis sont accusés d'avoir effectué des constructions non autorisées et d'avoir fait des aménagements sur des sites sensibles. Une partie des plaintes sont prescrites, d'autres infondées. Mais le contentieux est une véritable épée de Damoclès qui pèse sur cette entreprise familiale.

Cet acharnement en dépit du bon sens économique et écologique n'a pas lieu qu'en Corse. Qu'il s'agisse d'un domaine cinq étoiles de la vallée de l'Ortolo, d'une ferme-auberge en Aveyron, que l'on parle d'un artisan boulanger de l'Orne ou d'un agriculteur de la Sarthe qui veulent se diversifier, ils sont entravés par un carcan administratif ou sanctionnés à cause de règles qui n'autorisent aucun droit à la différence. Combien de points de vente pour des agriculteurs ou de mielleries sont refusés parce que la destination des bâtiments ne les autorise pas ?

Une interview dans le *Journal de la Corse* a provoqué un véritable électrochoc chez les entrepreneurs de l'île. Paul Canarelli y raconte qu'il est prêt à céder son domaine. Comment un de leurs meilleurs professionnels pouvait-il annoncer être prêt à renoncer ? La réponse est simple : une offre de rachat venait de lui être faite par un entrepreneur du Moyen-Orient et il hésitait à accepter. Montant du marché : un milliard de dollars. La proposition avait un côté démesuré, mais elle était à la hauteur de ce site mondialement connu. L'acheteur, connu pour ses capacités financières, était sous le charme de ce domaine de rêve. Paul Canarelli avait promis à son grand-père, juste avant sa mort, qu'il conserverait le domaine. Cette promesse le retenait.

La Corse courait le risque de perdre un des plus gros employeurs de la région, avec plus de deux cent vingt salariés dans quarante-sept métiers différents. Cette PME fait aussi vivre des centaines de fournisseurs locaux, tous montés en gamme grâce à cette locomotive.

Lors de ma visite au domaine, la discussion que j'ai avec Paul et ses enfants porte donc sur la façon de réagir à tous ces défis. Nous évoquons ainsi la création d'un fonds de dotation pour la biodiversité avec l'implication personnelle de Ségolène Royal, la création d'une association des Amis de Murtoli, pour ne plus laisser dire n'importe quoi, et la mise en place d'un document d'objectifs avec cent actions pour la nature élaborées par des bureaux d'études reconnus. Gageons que ce fleuron fera encore longtemps la fierté de ses propriétaires, la joie de ses visiteurs et la prospérité de ses collaborateurs.

Une fondation pour protéger les animaux

Brigitte Bardot a perdu tout sens de la nuance. Elle insulte le président de la République au moins deux fois par an par le biais de communiqués. En janvier et en avril 2023, notre ancienne gloire nationale l'a par exemple qualifié d'« être maléfique », de « lâche et de serpillière » puis de « marionnette méprisable ». Elle l'avait déjà traité de « Poutine de la nature et des animaux » l'an dernier. Dans sa préface au livre de Willy Schraen, *Un chasseur en campagne*, Éric Dupond-Moretti avait rappelé avec justesse que BB avait taxé les Canadiens d'assassins à propos de la chasse aux phoques pratiquée par les Inuits, alors que trente ans plus tard on constate que les « Inuits meurent et les phoques prospèrent ». Ce passionné de fauconnerie a un sens aiguisé de la formule. Dans cette même préface, il ajoutait que « l'anathème tient souvent lieu de pensée ». Pour ma part, j'ai toujours eu l'intime conviction que l'insulte était l'arme des faibles et des frustrés.

La posture de cette icône de la Nouvelle Vague est d'autant plus regrettable qu'elle nuit au travail discret, quotidien et ô combien plus efficace d'autres fondations de protection animale.

D'ailleurs, ces dernières ont salué la détermination du président de la République et l'action courageuse du gouvernement pour adopter la loi de protection animale. La Fondation assistance aux animaux (FAA), l'une des quatre plus importantes, l'a d'ailleurs dit haut et fort. Sa discrétion n'a d'égale que son efficacité au service de la lutte contre la souffrance animale. Avec vingt et un établissements en activité et plus de cent quatre-vingts salariés, la FAA est une fondation dynamique. Avec des refuges pour accueillir les chiens et les chats, des dispensaires pour assurer les soins vétérinaires des animaux de ceux qui n'ont pas les moyens, et des maisons de retraite pour des animaux qui ont perdu leurs maîtres, sans oublier la ferme pédagogique du hameau de la Reine à Versailles, on saisit sa capacité d'intervention.

Le respect des animaux n'est affaire ni d'idéologie ni de dogmatisme. C'est ce combat qui m'a conduit à répondre avec enthousiasme à une requête insistante de mon ami Jean-François Chary, éminent professeur vétérinaire, ancien directeur de l'école nationale vétérinaire de Lyon.

Un jour venteux et pluvieux de février 2016, je fais la connaissance de la présidente de cette fondation, Arlette

Alessandri, devant un bon plat de pâtes à la carbonara d'un restaurant de la Porte Maillot. Cette femme débordante d'énergie, au bon sens ancré dans sa culture corse, veut faire plus et mieux pour la cause animale. En toute discrétion, elle a réuni de nombreux passionnés qui soutiennent sa fondation avec des dons et des legs. Pour elle, avoir un lobbyiste, même issu du monde des chasseurs, allait de soi dès lors qu'il était efficace. Quelle audace il fallait pour le penser !

Lorsque Brigitte Bardot a appris la nouvelle de mon engagement, elle lui a téléphoné. Pour BB, je suis le lobbyiste de la mort. Je ne peux sauver le vivant. Sans se démonter, la présidente de la FAA lui a signalé que j'ai travaillé pendant sept ans pour le syndicat des vétérinaires et qu'elle a déjà pu constater que cette profession semblait satisfaite. Avant de clore cette conversation houleuse, elle lui a confirmé alors qu'elle assumait ce choix en toute indépendance.

De fait, les vétérinaires me doivent beaucoup dans la défense – parfois excessive – de leur monopole sur les soins aux animaux. J'avais notamment défendu la « prescription-délivrance », c'est-à-dire le droit de prescrire les médicaments et juste après de les vendre à la même personne. Mais j'avais aussi cherché des compromis de soin possibles pour les éleveurs.

Avant même le café, madame Alessandri me résume la situation avec un sourire narquois : personne dans la protection animale ne lui dicterait avec qui elle travaillerait. Elle ne doit rien à personne, sauf aux milliers de donateurs qui lui font confiance en versant des dons et des legs pour faire fonctionner ses refuges et ses dispensaires pour le plus grand bien de dizaines de milliers d'animaux tous les ans. Elle n'a rien contre les chasseurs, si ce n'est quand ils ont des comportements déplacés.

Cette rencontre scelle une collaboration qui durera depuis lors, d'abord sur des missions ponctuelles liées au monopole vétérinaire, puis au fur et à mesure sur la gestion de crises ou d'opportunités avec des élus pour des sites de la fondation, et enfin sur la mobilisation auprès du gouvernement sur des réformes de fond, législatives et réglementaires, sur l'amélioration de la bientraitance animale.

Notre but est de réduire les coûts vétérinaires pour les dispensaires qui interviennent en faveur des propriétaires d'animaux domestiques les plus nécessiteux. Cela suppose de toucher aux règles du monopole des soins vétérinaires.

Après plusieurs tentatives d'accords entre organisation et projets parlementaires, rien n'a pu avancer. J'ai proposé à la présidente de la FAA que notre ambition soit plus grande en impliquant le président de la République et le Premier ministre, afin que des textes législatifs et réglementaires fassent l'objet d'un véritable choix politique au sommet de l'État sur l'ensemble de la protection animale.

La perspective d'un référendum d'initiative partagée sur le sujet poussait le gouvernement à l'action. Avec le soutien du ministre en charge des Relations avec le Parlement de l'époque, Marc Fesneau, et le ministre de l'Agriculture, Julien Denormandie, l'opération fut conduite vivement. À minuit moins deux, juste avant la fin du débat sur la proposition de loi défendue par

Vilardi, l'annonce était faite. À la surprise générale, le gouvernement annonçait qu'un projet de loi sur la bientraitance animale serait débattu dans les prochaines semaines.

La ministre de la Transition écologique, l'écologiste Barbara Pompili, a malheureusement glissé dans le texte des mesures trop radicales concernant les cirques et les delphinariums. La colère des propriétaires de cirque, dont les animaux sont l'outil de travail, était légitime, car aucune concertation n'avait eu lieu. C'est d'autant plus regrettable que, dans la foulée, des maires ont voulu laver plus blanc que blanc en prenant des arrêtés interdisant leur installation dans certaines communes au prétexte de l'utilisation d'animaux sauvages, alors que la loi leur donnait un délai. La FAA a cherché par tous les moyens à faire valoir des réformes pragmatiques auprès du gouvernement sans vouloir aller aux extrêmes, par souci d'efficacité au service de la cause animale.

Le député Loïc Dombreval, vétérinaire excessif dans sa vision de la protection animale, s'était engouffré dans cette niche médiatique pour faire de la surenchère. En 2020, lors de la préparation de son rapport commandé par le gouvernement sur le bien-être des animaux de compagnie et les équidés en fin de vie, il avait organisé des auditions des personnes influentes sur le sujet. Il a donc eu le plaisir de découvrir que j'étais l'un des deux porte-parole de la FAA, qui souhaitait formuler des propositions. Nous voulions promouvoir une campagne d'information sur le respect du vivant et proposer la levée du monopole vétérinaire pour les dispensaires. Comme par hasard, Dombreval fut aux abonnés absents pour cette audition, où j'ai dû me contenter de parler à ses collaborateurs. Je n'étais pas surpris, car depuis son élection en 2017 il fuyait toutes mes demandes de rendez-vous, comme s'il me craignait. Aucune de nos recommandations ne fut en bonne place dans son rapport. Bel exemple de tolérance.

Aujourd'hui, Dombreval a été catapulté spécialiste de la protection animale au sein du parti Horizon, fondé par l'ancien Premier ministre Édouard Philippe. Avec un tel opposant à la chasse et à l'élevage, je me dis que le futur candidat à la présidentielle de 2027 part avec un sérieux handicap.

C'est finalement grâce à la vigilance de Matignon, de l'Élysée et des ministres concernés que les textes législatifs et réglementaires sur la protection animale ont pu aboutir en 2022, loin des mesures excessives.

Le président de la République a assumé de faire des compromis et de permettre des transitions durables, car nous sommes tous responsables des bons ou des mauvais comportements vis-à-vis des animaux. Début octobre 2021, dans un refuge pour chats et chiens à côté de Gray, en Haute-Saône, il a rappelé cette simple réalité. Emmanuel Macron était spécialement venu accompagné du ministre de l'Agriculture Julien Denormandie pour annoncer des mesures concrètes sur l'interdiction de la vente par Internet, l'obligation du certificat de connaissance afin d'éviter les achats impulsifs des animaux domestiques. Il a aussi annoncé un alourdissement des peines contre la maltraitance et contre les trafics et vols d'animaux.

En janvier 2023, le ministre de l'Intérieur Gérald Darmanin poursuivait dans cette ligne lors d'une visite d'un refuge de la SPA de l'Essonne, annonçant que plus de quatre mille policiers et gendarmes seraient formés sur la protection animale et deviendraient référents sur ce sujet. En présence de Marc Fesneau, ministre de l'Agriculture, il évoqua aussi la création d'un office judiciaire spécialisé afin de gérer les enquêtes les plus complexes. Pour la FAA, c'était l'aboutissement de plusieurs années d'un travail et d'un engagement total pour la cause animale.

Aussi, face à de tels succès où la FAA a largement pris sa part d'influence pour la cause de la protection animale, je ne peux que regretter l'acharnement incroyable de la Cour des comptes et de Bercy que subit cette fondation depuis bientôt douze ans. Après cinq contrôles fiscaux sur la fondation et ses dirigeants qui n'ont strictement rien donné, ni anomalie ni infraction relevée, voilà une série de deux contrôles de la Cour des comptes. Le premier contrôle en 2015 a conclu à la non-conformité, mais le ministre des Finances de l'époque a refusé de valider cette décision infondée, ce qui est révélateur.

En 2020, un nouveau contrôle de la Cour des comptes a conclu à une évolution favorable de la FAA depuis cinq ans et a confirmé la conformité.

Pourtant, à la surprise générale, la chambre du contentieux de la Cour des comptes cherche encore des poux dans la tête des dirigeants de la FAA comme s'il était insupportable qu'ils gèrent correctement la fondation. Personne n'a oublié que quatre représentants des ministères sont présents au sein de la fondation et peuvent exiger des informations sur tout.

Il est donc sidérant de constater ce « deux poids, deux mesures » entre la FAA et les autres fondations qui, elles, sont présidées par des people, qui ne subissent pas ce rouleau compresseur injustifié.

J'espère que des journalistes d'investigation curieux et déterminés iront chercher à comprendre le pourquoi du comment de cet acharnement contre une présidente honorable et courageuse, qui défend avec passion et efficacité une cause juste et noble, et dont on veut « salir l'honneur ». Ce qui circule depuis plusieurs mois sur les réseaux sociaux devrait donner du grain à moudre pour mieux comprendre ce qui se passe et y mettre un terme, car cela me conforte dans l'idée que je n'aime pas la technocratie dans ce pays.

« Nos campagnes », un think tank et une fondation pour agir

Il y a des moments qui comptent dans une vie. Il y a aussi les moments où l'on se compte. Ce matin de septembre 2023 est de ceux-là. Nous sommes comme d'habitude dans mon café préféré, l'Esplanade, aux Invalides, à Paris. J'ai réuni un groupe d'amis pour relever un nouveau défi qui puisse servir notre conception généreuse du monde rural. D'un regard, je fais le tour de la table. Ils sont presque tous là : le patron de Rungis Stéphane Layani, le président d'Atout France Christian Mantei, des sportifs de haut niveau comme David Douillet et

Franck Piccard, Christiane Lambert, ancienne présidente de la FNSEA, Éric de La Chesnais, journaliste au *Figaro*, Pascal Grizot, président de l'Alliance des sports et loisirs de nature, Philippe et Jean-Noël Deparis, les jumeaux de La Place du village, et quelques autres proches comme Romain Grau, Thierry Bedossa, Marie-France Barrier, Stéphanie de Turckheim et Louise Lesparre… Les uns sourient, joyeux de se retrouver, d'autres sont lancés dans des apartés. Les cafés fument dans les tasses. Autrefois, une odeur de tabac aurait flotté.

Il est temps. Je me lève. En quelques mots, je leur résume mon projet. Certains l'ont déjà entendu, car j'ai dû rencontrer plus de cinquante personnalités pour en tester la faisabilité et voir si je pouvais avoir l'impact escompté. Nous allons créer ensemble un think tank pour promouvoir nos idées et mieux connaître la situation actuelle des campagnes. Et nous allons l'appuyer sur une fondation pour assurer notre indépendance. Programme simple, nom simple, ce sera Nos campagnes.

Dans notre petit salon, tous valident sans la moindre hésitation le fait que je parle de la mise en place d'« une machine de guerre » pour promouvoir nos campagnes auprès de l'opinion publique. Personne n'est choqué par ce langage guerrier justifié par l'urgence de livrer la bataille des valeurs rurales, qui ne sont pas ringardes mais au contraire modernes, dynamiques et porteuses d'avenir. Tout le monde s'accorde en moins de cinq minutes sur la nécessité de valoriser des exemples positifs, des savoir-faire de femmes et d'hommes passionnés et qui se revendiquent comme des gens heureux. La joie de vivre, l'ouverture, la tolérance doivent devenir la ligne de force du think tank. Personne autour de la table ne veut construire un syndicat des ruraux râleurs ou un club de lanceurs d'alerte élitistes voyant tout en noir, de la fin du mois à la fin du monde.

Tous considèrent que notre organisation doit aussi plaider pour que l'on « foute la paix » à ceux qui veulent vivre et travailler dans nos campagnes. Nous allons financer les études, les enquêtes et les sondages, dans des temps records pour combattre les discours de sectarisme en tout genre ou les normes abusives, cette maladie si française. Jérôme Fourquet, un des meilleurs spécialistes français des évolutions sociétales, territoriales et politiques, accepte d'être l'un des experts associés.

Le fonds de dotation rurale sera l'outil de notre indépendance afin de financer toutes les études nécessaires et d'en faire la promotion auprès de l'opinion publique. Nous voulons toutefois éviter une personnalisation excessive et orchestrer une « véritable polyphonie rurale » avec des leaders d'opinion différents. Sous l'influence bénéfique de mes amis corses, je propose cette démarche collective : c'est notre richesse. Il sera de notre devoir que des membres du think tank, personnalités reconnues, interviennent dans les débats publics selon leurs compétences et leurs passions.

Dès la première année, plusieurs étapes sont envisagées. Connaître la réalité chiffrée de la propriété privée et les règles à établir pour respecter cet acquis de la Révolution française. Nous ne croyons pas au collectivisme. Ensuite, il faut penser l'adaptation des normes dans le monde rural, avec les moratoires nécessaires pour stopper les contentieux envers les entreprises et réétudier au cas par cas, avec aussi la mise à plat des contraintes réglementaires qui bloquent le développement économique. Le Manifeste pour des ruralités vivantes et ses dix priorités détaillées doivent faire l'objet d'une négociation globale, qu'il faut accompagner pour une réelle mise à jour des normes rurales.

Après ces deux points de principe, plusieurs secteurs sont à considérer. Ainsi la cohabitation entre les sports et loisirs de nature et les conflits d'usage dans les territoires ruraux est un sujet préoccupant, suite à l'afflux de nouveaux pratiquants de loisirs de nature qui engendrent des surfréquentations et des demandes sociétales de plus en plus importantes. L'Alliance des sports et loisirs de nature sera l'un des outils de cette stratégie de concertation qui doit déboucher sur des choix judicieux.

La promotion des savoir-faire et des valeurs rurales passe aussi par l'utilisation de tous les réseaux sociaux et du numérique. « La Place du village », cette page Facebook avec sept cent mille abonnés et des vidéos qui peuvent totaliser soixante millions de vues par mois est un de ces outils précieux. C'est le plus important site français de promotion de la ruralité, imaginé et animé par les deux frères jumeaux Philippe et Jean-Noël Deparis, infatigables défenseurs de la cause rurale dans nos montagnes, et notamment dans les deux Savoie. Cela signifie qu'il faut faire tache d'huile pour élargir leur audience d'abord à toutes les montagnes, en s'appuyant sur les réseaux existants pour travailler en synergie.

Il faut qu'un maximum de ruraux mais aussi d'urbains aient accès à des informations positives et pragmatiques, y compris pour se mobiliser. Cela va nécessiter d'engager une réflexion pour renforcer la diffusion des savoirs et des informations positives auprès de tous les influenceurs ruraux et urbains.

Nous devons aussi engager une réflexion critique sur les grands textes adoptés depuis plusieurs décennies en faveur de la protection de la nature. La loi montagne, la loi littoral, Natura 2000 et toutes les autres mesures très impactantes pour le monde rural méritent une analyse sans tabou sur ce qui doit être adapté, voire modifié. Pourtant, l'objectif du think tank n'est pas un grand retour en arrière en matière d'écologie, mais au contraire un très grand pas en avant pour que la protection de la nature ne soit plus incompatible avec les usages de la nature et un développement économique raisonné. C'est le chantier d'une autre vision de l'écologie pragmatique qui doit être ouvert pour aboutir à un équilibre qui n'exclut pas l'être humain de la nature.

D'autres débats méritent d'être posés sur le développement du tourisme en milieu rural, qui est un atout économique indiscutable mais avec des facteurs limitants, y compris sur la question de la fréquentation. La montée en gamme du tourisme dans le monde rural, qui semble inéluctable, doit prendre en compte la nécessité d'un tourisme populaire qui doit rester accessible aux familles modestes.

Espèces protégées envahissantes, espèces invasives à éliminer, espèces fragiles à protéger, espèces chassables… Comment les préserver, les limiter, sans détruire ? Il faut réapprendre à gérer sans dogme ni tabou la biodiversité, avec des diagnostics partagés et des solutions innovantes. Ainsi le loup, qui menace l'avenir du pastoralisme dans nos montagnes, nécessite un débat et des solutions adaptées aux situations de l'élevage. Les haies et les mares, des atouts essentiels pour la biodiversité ordinaire des territoires ruraux, doivent faire l'objet d'une mobilisation générale sur plusieurs années, avec l'instauration d'une filière dédiée pour aboutir à la plantation de plusieurs dizaines de milliers de kilomètres de haies par an. C'est un véritable plan Marshall de la haie et des mares qui doit être conduit, avec les levées de fonds privés et publics nécessaires.

Nous avons le devoir de faire du think tank Nos campagnes un outil très ambitieux. C'est pourquoi nous lançons une mobilisation de toutes les forces vives qui partagent nos valeurs, qu'elles habitent les campagnes ou les villes.

Pour les vingt-deux millions de ruraux qui vivent et travaillent dans nos campagnes et les centres-bourgs, c'est une priorité quotidienne. Pour les dizaines de millions d'urbains ou d'étrangers qui viennent chaque année découvrir la beauté de nos terroirs et de cet art de vivre à la française si exceptionnel, c'est un formidable atout à partager ponctuellement ou durablement.

Pour promouvoir, défendre et transmettre ce patrimoine naturel et architectural, il faut compter sur les femmes et les hommes qui y sont attachés.

Nous devons être capables avec conviction et détermination de peser dans les débats publics et sur les choix des responsables politiques, des collectivités territoriales et de l'Europe, pour garantir le maintien de nos particularités.

Dans nos campagnes, le sentiment d'appartenance est véritablement fort et donne un lien émotionnel qui perdure même lorsque l'on a quitté depuis longtemps le lieu de son enfance. Nous sommes toujours de quelque part, ce qui est une véritable force. Les hasards de la vie font que nous pouvons même nous revendiquer de plusieurs endroits. Le Jurassien que je suis, amateur inconditionnel des vastes forêts de sapins qui bordent le lac de Vouglans, est progressivement devenu amoureux des forêts de mélèzes de la vallée de l'Ubaye dans les Alpes-de-Haute-Provence.

C'est cette bataille de l'opinion que nous devons livrer et gagner parce que l'on aime et l'on respecte ce que l'on connaît. C'est donc à nous, ruraux, d'être des pédagogues de nos passions pour les faire partager à ceux qui les ignorent et parfois les détestent par méconnaissance. Notre ruralité heureuse est à la fois complexe et simple, mais elle est surtout un incroyable potentiel d'avenir pour tous ceux qui veulent vivre et travailler dans nos campagnes.

C'est donc cette démarche collective qui va être la marque de fabrique du think tank, où l'on retrouvera des leaders d'opinion, des personnalités, des chercheurs, des sportifs, des artistes, des écrivains, des journalistes, mais aussi des chefs d'entreprise, des agriculteurs, des forestiers, des élus ruraux, des artisans, des commerçants, des leaders associatifs, des médecins, des restaurateurs et tous les autres passionnés de notre France des terroirs.

Chacun à sa place fera le nécessaire pour que l'on rapproche nos deux mondes et que notre art de vivre à la française soit réellement l'avenir de nos campagnes et de nos villes.

Cette nouvelle mobilisation est en marche et nous vous invitons à la rejoindre. Que vous soyez profondément enracinés dans nos campagnes ou habitants des villes et passionnés de nos terroirs, usagers de la nature et amateurs de nos produits, nous avons les mêmes valeurs à partager et les mêmes combats à mener.

Table des matières

Pour en savoir plus
sur les Éditions Plon
(catalogue, auteurs, vidéos, actualités...),
vous pouvez consulter
www.plon.fr
www.lisez.com

et nous suivre sur les réseaux sociaux

Éditions Plon
@EditionsPlon
@editionsplon

Pour plus d'information :
www.lisez.com
Imprimé sur du papier issu de forêts gérées durablement.

CET OUVRAGE A ÉTÉ ACHEVÉ D'IMPRIMER SUR ROTO-PAGE
PAR L'IMPRIMERIE FLOCH À MAYENNE EN SEPTEMBRE 2023

N° d'impression : 103319
N° d'édition : P31437/01
Imprimé en France